현저하게
다르게 하라

현저하게
다르게 하라

교회 회복을 위한 메시지

전두승 지음

Make it
markedly
different

하리운

서문

사람은 보고 듣고 행동하는 경향이 있다. 몸소 경험하거나 알아
내거나 이해한 것들은 우리의 머릿속에 몸에 자연스럽게 저장되고
체득된다. 이렇게 학습되고 경험한 것들은 어느 순간 행동으로 나
타난다. 그러한 행동이 일상생활에서 보편타당하고 이해하고 받아
들일 수 있는 가치관과 맞으면 이치와 상식에 맞다고 한다. 개인의
삶의 도리와 방식이 타인과의 관계에서 보편적으로 인정됨을 말하
는 것이다. 이러한 이치와 상식의 단계 위에 논리와 법이 존재한
다. 인간관계나 사회생활에서 충돌이 일어날 때, 누구나 알 수 있
는 이치와 상식으로 옳고 그름이 판단되지 않으면, 논리로 따져 분
쟁을 중재하고, 그래도 되지 않으면 법의 판결에 의존하게 된다.

그러나 우리 믿는 자들에게는 세상적·윤리적·사회적 이치와
상식, 논리와 법보다 더 높은 기준인 하나님의 법도가 있다. 이것
은 신앙의 표준인 변치 않는 하나님 말씀과 성령으로 주어지는 그
분의 음성이다. 성령의 음성은 성령이 가르치시고(요 14:26), 진리
가운데로 인도하시고 장래 일을 알리심이다(요 16:13). 그리고 지금
과 같은 계시록 시대에는 성령이 교회들에게 하시는 말씀을 들을
수 있어야 한다(계 2:7).

오늘날의 교회는 하나님 말씀의 법도와 성령의 가르치심과 인
도하심의 범주에서 떠나 있고, 세상의 빛과 소금이 되어야 할 자리

에서 오히려 세상 사람들에게 비판과 지탄을 받는 처지에 이르렀다. 교회가 세상의 보편적인 규범으로 이해되는 이치와 상식도 통하지 않는 폐쇄적이고 이익적인 집단으로 변질하였고, 교회 안의 분쟁을 누구나 잘잘못을 가릴 수 있는 논리로도 해결할 수 없어 하나님이 금하신 세상 법정에서 판단받는 부끄러운 일을 서슴지 않는 것이 작금의 교회 현실이다.

현저하게 다르게 해야 한다. 이것은 우리 모두에게 해당한다. 죄와 사망에 속해 죽었던 우리를 주님께서 십자가의 대속으로 살리셨다. 그리고 성령을 부어 주심으로 거듭난 생명을 얻었다. 새로운 피조물이 된 것이다(고후 5:17). 그러므로 새롭게 생각하고 새롭게 행동해야 한다.

이스라엘 민족은 육을 상징하는 애굽에서 해방되어 영을 상징하는 가나안으로 들어갈 약속을 받았다. 그러나 가나안으로 가는 여정에서 반드시 혼을 상징하는 광야를 통과해야만 하였다. 히브리어로 광야는 '미드바'다. '말하다'라는 의미다. 내가 말하는 것이 아니라 하나님이 말씀하시고 내가 듣는 장소다. 자신을 낮추고 하나님의 말씀을 듣고 순종하는 연단의 장소다. 내 생각과 내 뜻이 포기되고 하나님 말씀이 내 이마에, 그분의 뜻이 내 마음속에 새겨지는 장소다. 그래서 십계명을 비롯한 율법을 주셨고, 성막이 건설되어야만 했다. 이 광야에서 내 생각의 견고한 진이 무너지고 내 뜻이 포기되어 하나님의 법궤인 말씀을 의지하여 요단강(자아 죽음의 강)을 건너 가나안 약속의 땅에 들어가게 되는 것이다. 그런데도 이스라엘 백성은 애굽(육)의 습성을 버리지 못하고 광야(혼) 시련의 의미를 알지 못해 하나님을 원망하다가 광야에서 멸망하였다.

고등학교 3학년 겨울방학 때 성령세례를 받은 나도 33년간의 믿음의 여정 중 광야의 영적 의미를 깨닫지 못해 하나님을 믿고 기도하면서도 여전히 근심과 염려를 벗어나지 못했고, 실망하고 원망하는 실패의 굴레에서 벗어나지 못했다. 그럼에도 불구하고 하나님이 귀히 보신 것이 있다면, 바울 사도의 탄식처럼 내 안에서 지속적으로 나오는 "오호라 나는 곤고한 사람이로다. 이 사망의 몸에서 누가 나를 건져내랴"(롬 7:24)라는 절규였다. 그리고 '이대로는 안 된다. 더 나은 무엇이 있다'는 생각을 놓지 않았다. 그 간절함을 아시고 주님께서 2005년 5월에 정결하게 하는 불세례(마 3:11)를 주시고 그분의 영광을 쏟아 부어 주심으로 생명과 성령의 법으로 죄와 사망의 법에서 해방되게 하셨다(롬 8:2). 그 이후 하나님의 영으로 인도받는 중, 뚜렷이 들려온 음성이 있었다. 바로 "현저하게 다르게 하라!"이다. 이 책은 우리 자신과 교회가 하나님의 거룩한 부르심으로 나아가기 위해 현저하게 다르게 해야 할 요소들 가운데 지극히 적은 부분을 다루었다. 부디 주님의 몸된 우리 자신과 한국 교회의 회복을 위해 조금이라도 도전이 되기를 기도한다.

2022년 3월 9일 20대 한국 대통령 선거일에
LA에서 한국 교회 회복을 위해 기도하며

하나님의 리콜 운동
전두승 목사

차례

Make it markedly different

제 1 부

현저하게
다르게 하라

Make it
markedly
different

선입 관념을 버려라

수년 전에 하나님께서 마지막 때, 새로운 하나님의 운동에 대한 비전을 주시면서 "현저하게 다르게 하라"고 하셨다. 선입 관념을 버리라는 것이다. 선입 관념은 '어떤 대상이나 주제에 대하여 이미 마음속에 가지고 있는 고정적인 관점이나 생각'을 말한다. 고정관념과 같은 뜻이다. 선입 관념과 고정관념의 병폐는 지금까지 배우고 습득하여 알고 있는 것을 옳다고 여기고 표준이라고 생각해서 새로운 것을 잘 받아들이지 못하는 것이다. 하지만 하나님은 새 일을 행하시는 분이다.

> 보라 내가 새 일을 행하리니 이제 나타낼 것이라 너희가 그것을 알지 못하겠느냐 반드시 내가 광야에 길과 사막에 강을 내리니(사 43:19).

신앙에서도 선입 관념과 고정관념을 버려야 새로운 하나님의 역사에 동참할 수 있다. 하나님의 리콜 운동이 시작되고 몇 달 후에 1박 2일 킹덤 빌더즈 은사 훈련 수련회에서 치유 사역 세미나를 하였다. 60, 70대 되신 여자 목사님들이 참석해 은혜를 받고 하리운 비전과 함께하겠다고 하였다. 그런데 "하나님을 용서한다"는 말이 도무지 이해가 안 되고 이상해서 집회에 오지 않는 분들이 있었다. 이에 대해 내게 물었더라면 이 말의 뜻이 무엇인지 충분히 설명해 주었을 것이다. 이렇듯 굳어진 생각과 선입 관념 때문에 자기들끼리 수군거리다가 하리운 비전과 함께하겠다고 하고도 중간에 그만두는 것이다.

치유 사역에서 가장 중요한 요소는 회개와 용서다. 회개는 하나님께 하는 것이다. 우리가 회개할 때, 하나님의 용서를 받는다. 죄를 빌미로 공격하는 마귀의 발판을 제거함으로 마귀를 대적하고 치유를 명할 수 있다. 용서는 사람에게 하는 것이다. 첫째, 자신을 학대하고 상처 주고 해를 끼친 상대방을 용서하는 것이다. 둘째, 상처의 고통과 상처받아 낮아진 자존감을 치유하기 위해 자신을 용서하는 것이다. 셋째, 하나님을 용서하는 것이다. 여기에서 용서는 '원수 갚지 않고, 보복하지 않고, 그 대상에 대한 악한 감정을 내려놓는 것'이다. 그분은 '하나님을 용서하는 것'에 대하여 이해하지 못했다. 인간이 어떻게 하나님을 용서할 수 있단 말인가? 그분은 죄가 없으시고 우리에게 죄지은 것이 없는데, 어떻게 감히 우리가 용서할 수 있단 말인가?

하나님을 용서한다는 것은 '하나님에 대한 원망과 섭섭한 감정을 내려놓는 것'으로 이해해야 한다. 고통스러운 상황을 아시는 하나님께서 도와주시지 않는 것에 대해 그런 하나님에 대한 실망감을 내려놓는다는 의미로 '하나님을 용서한다'고 하는 것이다. 미국에서 미국 사람들과 기도 운동을 하면서 그들이 자주 사용하는 말

중에 잘 이해되지 않는 것이 그런 것들이다.

예를 들면, 하나는 "I Bless You Lord, We Bless You Lord!"(내가 주님을 축복합니다. 우리가 주님을 축복합니다!)이다. '아니 하나님이 우리를 축복하시지, 우리가 하나님을 축복할 수 있나' 하는 의문은 얼마 지나지 않아 풀렸다. 우리가 "하나님께 축복 있으라. 하나님의 이름에 축복 있으라"(Blessed Be the Lord. Blessed Be the Name of the Lord), 이는 시편 113편 1-2절의 "여호와를 찬양하라. 여호와의 이름을 찬양하라"는 뜻이다. 다른 하나는 내적 치유 사역에서 사용하는 "I Forgive You, We Forgive You Lord"이다. 광야의 이스라엘 백성은 고난 중에 모세와 아론에게만 아니라, 하나님에 대한 원망과 섭섭한 마음을 내려놓지 못하고 불평, 불만, 원망, 불순종하다가 광야에서 멸망하고 말았다. 우리가 하나님을 용서한다는 개념은 상대방을 용서하고 자신을 용서할 뿐만 아니라, 마지막으로 하나님에 대한 섭섭한 마음을 내려놓음으로 하나님과 멀어진 관계를 회복하여 완전 치유와 회복에 이르는 것이다.

자신의 선입 관념과 고정관념을 깨지 못해 분명히 하나님이 인도하시는 방향임을 알면서도 제자리로 돌아가는 것이다. 선입 관념, 고정관념을 깨는 것은 애벌레가 껍질을 벗고 나오는 것과 같다. 스스로 껍질을 벗고 나오면 나비가 되어 나는 것처럼, 영적으로 날게 되는 것이다. 잠언에 묵시가 없으면 백성이 방자히 행한다고 하였다. 우리가 배우고 아는 것이 다가 아닐뿐더러 이것은 새로운 하나님의 역사를 받아들이지 못하는 선입 관념과 고정관념이 될 수 있다. 아무쪼록 하나님께서 지혜와 계시의 정신을 주셔서 하나님을 더 알게 되고 현저하게 다르게 할 때 낙오하지 않고 그분의 전무후무한 마지막 새 역사에 동참하게 될 것이다.

관용을 베풀어라

우리는 같은 일을 반복하면서 다른 결과를 기대하는 경향이 있다. 수년 전에 "현저하게 다르게 하라"는 음성을 들었지만, 어떻게 하는 것이 내 고정관념과 구태의연한 습관과 행동을 넘어 현저하게 다르게 할 수 있는지에 대한 해답을 찾지 못하고 있을 때다.

몇 달 전에 계획한 어느 미국 강사의 집회를 앞두고 있었다. 집회를 두 주 앞두고 초청한 강사의 사역 단체에서 메일이 왔는데 어느 정도의 사례비를 지급해야 갈 수 있다는 것이었다. 세 가지 이유에서 집회를 할 수 없는 상황이 발생하였다. 첫째는 수년 동안 집회를 진행했지만, 얼마 이상의 사례비를 요구받은 적이 없었다. 둘째는 요구한 사례비가 우리가 감당할 수 있는 수준이 아니었다. 큰 교회에서나 부담할 수 있는 액수여서 적잖이 당황하였다. 마지막으로 처음부터 말하지 않고 집회 광고 후에 그런 메일을 보낸 것은 경우가 아니었다. 그중에서도 사례비 상한선을 정해서 통보한 것은 언짢았지만, 그렇게 줄 수도 없는 형편이었다. 처음 겪는 상황에 적잖이 고민이 되었다. 결국 강사에게는 초청할 수 없다는 연락을, 사람들에게는 집회가 취소되었다는 연락을 해야 할 상황이 되어 버렸다.

하지만 집회를 기다리는 사람들에게 취소되었다는 말은 하고 싶지 않았다. 급히 다른 강사를 알아보았지만, 여의치 않았다. 집회 일주일 남겨 놓은 금요일 새벽에 "관용을 베풀어라!"는 성령의 내적 음성을 들었다. 그 강사를 그냥 초청하라는 것이다. 주님의 음성에 순종해야 한다는 것을 알았지만, 사례비가 부담되어 결정하지 못하고 또 하루가 지나 토요일이 되었다. 다음 주 토요일이면 집회 날이다. 집회를 취소하려면 이번 주에는 메일을 보내야 했다. 이 문제를 놓고 아내와 세 딸에게 기도 요청을 하였다. 우리 가족에게는 Seer 은사(하나님께서 보여 주시는 것을 보는 은사)가 있다. 확증이 필요할 때 종종 기도하는 방법이다. 밖에서 점심 식사 중인 아내와 딸들에게 식사를 잠시 멈추고 "관용을 베풀어라!"는 음성을 들었는데, 강사에 대해서 하나님께서 어떻게 말씀하시는지 기도해 보라고 하였다. 조금 후에 아내에게서 전화가 왔고 응답받은 내용을 말해 주었다. 주님께서는 강사를 초청하라고 하셨다.

당시 열두 살이던 베키에게 하나님께서 두 날개는 있는데, 두 다리 없이 몸통으로 앉아 있는 새를 보여 주셨다. 나는 즉시 그 의미를 깨달았다. 예언 사역자인 강사에게 예언 은사는 있는데(두 날개), 재정 상태가 어려운 것을 보여 주신 것이다. 두 다리가 없음은 앉아 있을 기반(재정)이 없어졌음을 의미한다. 그래서 강사에게 직접 전화를 해서 여차여차해서 집회를 취소했는데, 하나님께서 초청하라고 해서 전화했다고 말했다. 강사는 사례비 관련 메일은 본인이 보낸 것이 아니고, 담당 간사가 보낸 것이라고 하였다. 그동안 초청 단체에서 제대로 대접해 주지 않은 전례가 많았고, 재정에 어려움이 있어 그런 편지를 보낸 것 같다고 하였다. 아무튼 우여곡

절 끝에 이틀 집회를 진행하게 되었다.

토요일 오전과 오후, 저녁 집회를 마치고, 주일 11시 예배 전에 식사하면서 요구한 사례비에는 조금 모자라지만 최선을 다해 준비했다고 하면서 건넸다. 그랬더니 저녁 집회 후에 두 사람으로부터 봉투를 받았다고 말했다. 그 금액까지 더하자 메일로 요구한 금액보다 10퍼센트 더 많았다. 결과적으로 부담되었던 사례비뿐만 아니라 강사와 그의 사역까지 지원하게 된 것이다.

내가 들은 "관용을 베풀어라"는 하나님의 음성과 베키가 응답받은 "두 날개는 있으나 두 다리는 없는 새"에 대해 말해 주었다. 미국에서 예언 사역자로서 꽤 유명한 강사의 눈에 눈물이 그렁하였다. 그는 "누가 그것을 보았느냐?"고 물었다. 10년 넘게 남들이 하지 않는 사역을 어렵게 하면서 여러 후원자가 생겼는데, 이사 중 한 사람이 오해해서 좋지 않은 소문을 퍼뜨리는 바람에 후원이 반으로 줄어 재정이 어렵다는 사정을 이야기하였다. 예배 후 기도 시간에 베키가 그 응답을 받았다고 소개하였다. 사역 중에 이렇게 기도해 준 사람은 두세 명뿐이라고 하면서 베키를 두 팔로 끌어안고 자기에게 주신 은사를 모두 부어 달라고 기도해 주었다.

"관용을 베풀어라"의 말씀의 참 의미는 집회를 마친 후에야 비로소 알게 되었다. 집회 전날인 금요일이 강사 부부의 결혼기념일이었다. LA에서 집회도 하고 아내와 결혼기념일도 함께 보낼 예정이었는데 집회가 취소된 것이다. "관용을 베풀어라"는 말씀을 주신 것은 그들을 실망시키지 않을 하나님의 마음이었다. 그리고 웹사이트를 보고 알게 된 또 하나의 사실이 있다. 우리가 취소한 날로부터 2주 전의 교회와 2주 후의 교회도 그러한 메일을 받고 집회를 취소한 것이다. 우리까지 취소했으면 재정적인 어려움을 겪었을 것이다.

"현저하게 다르게 하라!" "관용을 베풀어라!"는 음성을 들었을 때, 합력하여 선한 결과가 나타나는 것을 보았고, 내 생각을 넘어서는 하나님의 깊은 섭리를 발견하는 아름다운 경험이 되었다. 나의 옳음과 권리를 주장하기보다는 상대방을 배려하고 관용을 베푸는 것이 더 나은 결과를 가져온다는 것을 깨달았다. 이제 체험적 진리를 원수를 사랑하는 단계까지 적용할 수 있도록 인도하실 것이다. 이 일로 인해 나의 삶과 사역에서 가장 풍성한 결과가 나타났을 때는, 내가 상대방을 용서하고 양보하며 선을 베풀었을 때였음을 알게 되었다. 그러므로 힘들게 하는 자들에게 "관용을 베풀어라!"는 주님의 음성을 실천한다면, 그때 진정으로 하나님의 자녀임을 알게 되고 그 결과는 평범을 넘어서는 엄청난 열매로 나타날 것이다.

> 나는 너희에게 이르노니 너희 원수를 사랑하며 너희를 박해하는 자를 위하여 기도하라 이같이 한즉 하늘에 계신 너희 아버지의 아들이 되리니 이는 하나님이 그 해를 악인과 선인에게 비추시며 비를 의로운 자와 불의한 자에게 내려주심이라(마 5:44-45).

선으로 악을 이겨라

성격과 습관은 잘 바뀌지 않는다. 성격과 습관이 바뀐다는 것은 여간 어렵고 오랜 시간이 걸리기 때문이다. 그러나 하나님의 레마 음성을 들으면 성경을 읽고 설교를 들어도 잘 바뀌지 않는 성격과 습관이 바뀔 수 있다. 하나님의 음성이 개인교수처럼 일대일로 교정하고 가르치고 진리로 인도하기 때문이다. "현저하게 다르게 하라"는 음성을 듣고, 완전하지는 않지만 오랫동안 갖고 있던 고정관념에서 상당 부분 탈피할 수 있었다. 내가 정당하고 상대편이 잘못했음에도 "관용을 베풀어라"는 주님의 음성에 순종할 수 있었던 것도 이미 "현저하게 다르게 하라"는 음성을 들었기 때문이다. 이러한 음성을 듣기 전에도 성령의 감동에 이끌리어 한 일이 생각지도 못한 큰 열매로 나타났다.

1987년에 인도에서 돌아온 나는 1997년 말 미국에 오기 전 부산에서 십 년간 여러 선교회와 협력하며 목회하였다. 인도에서 버마(미얀마) 랑군대학 법대를 나와 지방 판사를 하다 하나님의 은혜를 받고 목사가 된 미얀마 사람과 같이 공부한 적이 있다. 공부를 마치고 미얀마로 돌아간 그는 신학교를 설립했다. 그런데 운영이 너무 어려워서 도움을 요청하는 편지를 보내왔다. 그는 이를 위해 5년간 기도하였다. 1996년 미얀마를 방문해서 매우 열악한 시설에서 30여 명의 학생이 공부하는 상황을 직접 목도하였다. 나는 이들의 상황을 영상으로 촬영해서 돌아왔고 친구 목사들에게 영상을 보여 주었다. 이렇게 해서 미얀마 선교회가 만들어졌고 지원이 시작되었다. 그러던 중에 선교에 관심 있는 은퇴한 목사님의 도움으로 그를 한국으로 초청할 기회가 생겼다. 그는 여러 교회에서 선교 집회를 했고 신학교 개강 수련회에 초청받아 설교하게 되었다. 내가 협동 총무로 섬기는 선교회의 총무가 교무처장이었다. 모든 일정을 마친 미얀마 목사는 본국으로 돌아갔고 선교회 총회가 있었다. 결산 보고 시간에 통상적인 교회별 선교 헌금 외에 누군가 선교 헌금으로 천만 원을 헌금한 것을 알았다. 다음해 예산에 미얀마 선교로 250만 원이 책정되었고, 750만 원은 중국과 다른 선교를 위해 배정된 것을 본 순간, 미얀마 목사의 신학교 개강 설교를 듣고 누군가 헌금했다는 직감이 들었다.

임원들이 헌금한 사람의 목적을 따르지 않고 임의로 분배한 것이었다. 옳지 않다는 생각이 들어 그 자리에서 미얀마 선교를 위해 한 헌금이라면 전부 미얀마에 배정해야 한다고 말하고 싶었으나, 그날따라 내 평소의 정의감보다는 가만히 있으라는 성령의 감동이 있었다. 그 헌금은 늦게 신학교에 입학한 어느 권사님이 학생들과 보름을 굶으며 신학교를 하는 미얀마 목사의 가난한 사정을 듣고 즉석에서 한 것이었다.

그때는 우리나라가 국제통화기금(IMF) 외환 위기를 겪고 있었고 교회마다 선교 헌금을 줄이던 때였다. 이런 상황에서 큰 헌금이 들어오자 임원들은 미얀마 목사에게 일부를 보내고 나머지는 정기적으로 후원하는 선교지에 보내기로 결정한 것이다. 미얀마 목사의 설교를 듣고 성령의 감동을 받아 미얀마 신학교 사역을 위해 한 헌금을 중국과 인도네시아, 인도차이나반도 선교 헌금이라 기록하고

250만 원만 미얀마에 보낸다고 보고한 것이다. 그래서 나는 미얀마 목사에게 전화해서 250만 원 받는 것보다 그 돈으로 선교회 회장과 총무를 초청해서 선교지와 신학교를 보여 주면 어떻겠느냐고 물었다. 어떤 지원을 받게 될 거라는 결정된 보장은 없지만, 그는 그렇게 하겠다고 하였다.

당시 미얀마 목회자 가정의 한 달 생활비는 3만 원 정도였다. 250만 원이면 굉장히 큰돈이었다. 그런데도 선뜻 결정한 그의 배포와 믿음도 대단했고 그런 제의를 한 것도, 그러겠다고 한 것도 모두 성령의 감동과 인도하심이었다. 필요한 물품과 선물을 준비해서 두 분을 모시고 미얀마를 잘 다녀왔다. 그리고 10년 넘게 60개 교회와 수많은 이들이 천만 원의 백 배가 넘는 선교비를 지원하게 되었다. 미얀마에서 두 번째로 큰 신학교를 설립해서 목회자 수백 명을 배출하였고 100여 개가 넘는 교회를 개척했을 뿐 아니라, 보육원과 학교 사역 등 많은 결실을 맺고 있다. 한 번의 관용으로 미얀마 목사는 한국 목사들의 인정을 받게 되었고, 여러 교회의 지원과 함께 장신대학원에 유학을 와서 박사 학위를 받고 돌아가는 아름다운 결실을 맺었다.

주님의 음성을 듣고 '관용'이라는 씨앗을 심었더니 '풍성'이라는 열매가 맺힌 것이다. 주님의 일을 하는 데는 내 것, 네 것이 없다. 모두가 주님의 것이다. 내 편, 네 편이 없다. 모두가 주님 안에서 하나다. 미얀마를 위해 한 헌금이 그곳에 온전히 사용되지 못하고 중국과 다른 나라에 지원되었지만, 그로 인해 늦게 시작된 미얀마 선교가 다른 나라들보다 더 많은 열매를 맺었고, 일회성으로 끝날 선교비를 지속적으로 지원받는 결과로 나타난 것이다. 만일 선교회 총회 때 젊은 혈기와 정의감으로 바른말을 했다면, 관계가 끊어짐은 물론이고 20년간의 미얀마 선교의 결실은 없었을 것이다. 이렇게 아름다운 결실이 맺어진 것은 성령께서 감동을 주셨기 때문이고, 그들도 하나님 나라와 선교를 위해 결정한 것이기 때문이다. 그리고 주님의 뜻은 합력하여 훨씬 더 좋은 결과가 나타나는 것이다.

그 후 미국에서 동생을 통해 전해 들은 얘기는, 한 번도 그 문제에 관해 묻거나, 섭섭한 내색을 하지 않고 오히려 대접하는 모습을 본 목사님들이 '마음 씀씀이가 좋고 마음이 넓고 인격이 훌륭한 사람'이라고 했다는 것이다. 내가 그런 사람이 아니라는 것은 나 자신이 더 잘 안다. 지금처럼 주님의 음성을 듣지는 못했지만, 그 순간에 성령께서 관용의 마음을 주신 것이다.

믿는 자들은 정당하지 못한 일을 당하거나 내가 분명히 옳고 상대방이 잘못했을지라도 관용을 베푸는 자가 되어야 한다. 원수를 사랑하는 데까지는 미치지 못해도 한 번만 양보하고 너그러운 마음으로 용서하면, 생각지도 못한 좋은 결과가 나타날 것이다. 사회에서도, 교회에서도 서로 관용을 베풀어야 한다. 그래야 하나님 나라 백성이요, 주님의 양들이다.

아내는 종종 내게 이런 말을 한다. "당신이 참고 너그럽게 하면 항상 결과가 좋다고…." 이 말은 평소에는 항상 그렇지 않다는 말이기도 하다. 성격은 변하기 쉽지 않고 변해도 오랜 시간이 걸린다. 그러나 현저하게 다르게 하는 속성 코스가 있다. 그것은 주님의 음성을 들으면 바로 순종하는 것이다. 그리고 다음에 비슷한 상황을 만나면 또 그렇게 할 수 있기 때문에 어느새 변화된 모습에 자신도 놀랄 때가 올 것이다.

"현저하게 다르게 하라!" "관용을 베풀어라!" "선으로 악을 이겨라!" 나를 향한 주님의 들리는 음성이다. 믿지 않는 사람들보다 현저하게 다르게 하자. 믿음이 약한 사람들보다 현저하게 다르게 하자. 작년보다 올해, 지난주보다 이번 주, 어제보다 오늘 현저하게 다르게 해야 한다. 관용을 베풀자. 이는 성령의 아홉 가지 열매 중 자비와 양선의 열매이다. 선으로 악을 이기는 것이다.

너희를 박해하는 자를 축복하라 축복하고 저주하지 말라(롬 12:14).

아무에게도 악으로 악을 갚지 말고 모든 사람 앞에서 선한 일을 도모하라(롬 12:17).

악에게 지지 말고 선으로 악을 이기라(롬 12:21).

신앙의 진전을 이루려면

신앙의 진전을 이루려면, 매일의 삶 속에서 승리하려면 우리의 믿음이 앞으로 나아가야 하고, 그 믿음이 생활이 되어야 한다. 하나님을 바라고 그분을 믿는 삶에는 어두움이 없다. 부정적인 면이 없다. 후회나 낙심이 없다. 밝고 긍정적이며 소망이 넘친다. 초대교회는 박해받는 교회였다. 그러나 초대교회는 기쁨의 교회로 알려졌다. 날마다 기뻐하며 하나님을 찬미하는 승리의 신앙생활이었다.

날마다 마음을 같이 하여 성전에 모이기를 힘쓰고 집에서 떡을 떼며 기쁨과 순전한 마음으로 음식을 먹고 하나님을 찬미하며 또 온 백성에게 칭송을 받으니 주께서 구원 받는 사람을 날마다 더하게 하시니라 (행 2:46-47).

주님은 우리에게 기쁨을 약속하셨다.

지금까지는 너희가 내 이름으로 아무 것도 구하지 아니하였으나 구하라 그리하면 받으리니 너희 기쁨이 충만하리라(요 16:24).

신앙의 진전을 이루려면, 매일의 삶에서 승리하려면 첫째, 원수가 내 안에 지어 놓은 생각의 견고한 진을 무너뜨려야 한다. 믿음과 반대되는 모든 부정적인 생각을 내 속에서 몰아내야 한다. 마음속에서 일어나는 인간의 모든 이론과 하나님 아는 것을 대적하여 높아진 것을 다 파하고 모든 생각을 사로잡아 그리스도께 복종시키는 것이다(고후 10:5). 하나님을 사랑한다면서도 원망이 끊이지 않는다면, 하나님을 믿는데도 근심이 떠나지 않는다면, 기도하는데도 낙심 중에 있다면, 소망의 주님을 따른다고 하면서도 마음의 평안이 없고 항상 불안하고 미래에 대한 염려로 가득차 있다면, 이는 원수가 마음과 생각에 계속 총알을 쏘아대는 견고한 진이 지어져 있기 때문이다. 생각의 견고한 진을 무너뜨리기 전에는 신앙의 진전을 이룰 수 없다. 마음에 평화를 소유할 수 없다. 기쁨은 언감 생심이다.

다음은 2016년 한국 킹덤 빌더즈 집회에서 '생각의 견고한 진을 파쇄하라'는 설교를 들은 어느 성도의 간증을 요약한 것이다.

우리의 생각 속에 자리하고 있는 견고한 진(strongholds)은 생각을 강하게 붙잡고 있는 것입니다. 그 배후에는 바로 사탄이 있습니다. 하나님을 알고자 하는 것을 방해하고, 두 마음을 품게 하며, 하나님의 뜻을 거스르는 육체의 욕심, 자기 합리화를 통해 하나님을 대적하게 만드는 것이 사탄의 목적입니다. 또 사탄은 죄라는 무기, 걱정, 근심, 염려, 좌절, 절망, 낙심이라는 무기들을 통해 하나님의 백성을 공격하여 생각 속에 강하게 자리 잡아 견고한 성을 만들어 갑니다. 이런 사탄에게 속아 생각이라고 여기는—사람의 관점에서 보고, 합리적이고 이성적인 내 생각—바로 육신의 생각을 하게 되는 것입니다. 이런 견고한 진을 파쇄하려면 첫째, 견고한 진의 원인을 찾아서 회개하고 용서를 구해야 합니다. 둘째, 하나님을 향한 한 마음을 갖기 위해서는 성결하고 거룩해야 합니다. 셋째, 하나님께서 주시는 것을 분별하여 고백하고 선포해야 합니다. 우리 생각의 견고한 진을 파쇄하는 핵심 키워드는 회개, 거룩, 영분별, 선포입니다. 늘 말씀을 읽고 쓰고 듣지만 그대로 행하지 않고 실천하지 않으면 날 선 검이 될 수 없습니다. 삶 속에서 회개하고 거룩의 옷을 입고 분별하여 생각하고 강력한 선포로 사탄이 우리의 생각 속에 진을 구축하지 못하도록 이기며 나갑시다.

우리의 싸우는 무기는 육신에 속한 것이 아니요 오직 어떤 견고한 진도 무너뜨리는 하나님의 능력이라 모든 이론을 무너뜨리며 하나님 아는 것을 대적하여 높아진 것을 다 무너뜨리고 모든 생각을 사로잡아 그리스도에게 복종하게 하니(고후 10:4-5).

신앙의 진전을 이루려면, 오늘의 삶에서 승리하려면 무조건 하나님을 인정해야 한다. 그분이 하시는 일은 모두 선하다. 주님을 향한 찬미의 제사를 드림으로 그분을 기쁘시게 하고, 그분의 기쁨이 내게 임해야 한다. 그러기 위해서는 모든 부정적인 생각의 진을 무너뜨리고 믿음과 반대되는 모든 원수의 화전을 소멸해야 한다. 무엇보다 마음을 지켜야 한다. 매일의 삶의 승리가 이기는 자가 되는 비결이다.

무릇 지킬 만한 것 중에 더욱 네 마음을 지키라 생명의 근원이 이에서 남이니라(잠 4:23).

둘째, 현저하게 다르게 생각하고, 현저하게 다르게 행동해야 한다. 진전이 없고 효과 없는 일을 계속하는 것만큼 무의미한 것은 없다. 다람쥐 쳇바퀴 돌듯 몸과 마음만 힘들 뿐이다. 광야의 연속일 뿐이다. 이런 상황에서 벗어나려면 종교적 관습을 버리고, 습관적으로 하는 것들이 맞는지 점검해야 한다. 진전도 없는 것을 습관적으로 하는 것은 종교다. 기독교는 육과 혼의 종교가 아니라, 영이요 진리다. 이스라엘 백성은 지도자와 하나님에 대한 불평과 원망을 그치지 않았고 그로 인해 약속의 땅에 들어가지 못하고 40년을 광야에서 배회하다 죽고 말았다.

같은 말과 같은 행동, 부정적인 말과 부정적인 행동을 멈추지 않은 그들은 약속의 땅에 들어가지 못했다. 주님께서 "현저하게 다르게 하라"고 하셨다. 광야를 탈출하기 위해서는 현저하게 다르게 생각해야 한다. 마지막 때 새로운 역사에 쓰임받기 위해서는 말과 행동을 현저하게 다르게 해야 한다. 낙심은 목표했거나 바라는 것에 대한 결과를 이루지 못하는 것에서 오는 좌절감이다. 신앙의 여정에서 낙심은 하나님에 대한 실망과 좌절이 될 수 있다. 하나님의 뜻과 그분의 기준에 맞추려는 노력보다 자기 뜻대로 되지 않는다고 불평하고 낙심하고 원망하면, 결국 신앙의 실패자요 낙오자가 될 수밖에 없다. 그러므로 현저하게 다르게 생각해야 한다.

선입 관념, 고정관념을 버리지 않으면 하나님의 새로운 역사에 동참할 수 없다. 하나님은 새로운 일을 행하시는 분이다. 그리고 새로운 일을 행하실 때 우리의 동의를 구하지 않으신다. 그러므로 광야의 여정에서 오는 시련과 환난은 하나님의 뜻에 나를 맞추기 위함임을 알아야 한다. 나를 굴복시켜 그분의 뜻을 다 이루게 하시는 도구로 삼으시려는 연단과 훈련의 장소임을 알아야 한다. 내 생각을 버리고 하나님의 음성을 듣고 순복함으로 나의 성품이 변화되도록 하시는 여정임을 깨달아야 한다. 광야는 내가 말하는 장소가 아니라, 주님의 음성을 듣는 곳이기 때문이다. 광야의 의미, 고난의 의미를 발견하고 나를 낮추어 굴복시키고 순종하여 믿음이 준비될 때, 비로소 광야를 탈출할 수 있다. 그러므로 우리의 생각을 버리고 하나님의 생각에 맞추어야 한다. 그러면 하나님이 내 마음에 들지 않아 실망하거나 낙망하는 일은 없을 것이다. 그리고 현저하게 다르게 행동해야 한다. 나의 소원과 기도 제목을 이루어 달라고 기도하지 말고, "내 원대로 되지 말게 하옵소서"라고 기도해야 한다.

기도하는데도 낙심이 오면, 기도를 멈추고 그분의 선하심과 인자하심을 묵상하라. 마음이 불안하고 염려가 지속되면, 주님의 아름다움과 위대하심을 찬송하고 선포하라. 일어나자마자 기도해야 한다는 종교적 생각과 고정적 습관에서 벗어나서 그분의 이름과 성품을 노래하라. 그러면 안타까움, 실망, 낙심이 찾아올 수 없다. 기도는 내 뜻을 구하는 것이 아니고 주님의 뜻이 무엇인지 구하고 그것을 알기 위해 묻는 것이다. 때로 기도를 멈추고 물어라. 그리고 그분의 음성을 듣기 위해 잠잠히 기다려라. 주님의 뜻을 모르면서 내 뜻대로 구하는 것은 그 기도대로 이루어져도 결과적으로 다 유익하다고 볼 수 없다.

그리고 지금까지 찬송이라고 생각하여 부르고 좋아하던 노래를 점검해 보라. 대부분이 내가 주어인 기도송, 간구송, 은혜송, 기름부음송, 믿음 고백송의 범주에서 벗어나지 못했을 것이다. 하나님의 이름, 하나님의 성품, 하나님의 역사를 노래하지 않는 것은 찬송이 아니다. 찬송은 하나님을 노래하는 것이다. 그분이 주어가 되는 것이 찬송이고, 내가 좋아하고 은혜가 되어도 그것은 찬송이 아니다. 한국 교회와 교인들 대다수가 이것을 모르고 있다. 기도만 해서는 신앙의 진전을 이루기 힘들다. 광야를 탈출하기 힘들다. 기도는 걷는 것이고, 간구는 뛰는 것이고 중보 기도와 합심 기도는 말을 타고 달리는 것이지만, 지칠 수 있고 넘어질 수 있고 산이나 강이 가로막으면 멈춰질 수 있다.

그러나 하나님을 찬양하는 데는 장벽이 없다. 멈춤이 없다. 날기 때문이다. 기도보다 찬양을 더 많이 하라. 우리가 들어갈 천국은 기도가 다 이루어진 곳이요, 영원토록 찬송과 경배만이 있는 곳이다. "경배하면 지붕이 없다!" 하신 말씀의 뜻을 아는 자들이 많아졌으면 좋겠다. 하늘이 열려 있다. 답답하지 않다. 자유로움과 기쁨이 있다. 기도와 찬송에 대한 생각과 행동이 바뀌지 않으면 신앙의 진전은 멀었다. 신앙의 진전을 위해 기도와 찬송에 대한 생각을 바꾸고 실행해 보라. 은혜를 넘어 영광을 알게 될 것이다. 가나안이 달려올 것이다. 생명과 평안이요, 천국이 우리의 것이다.

주를 찾는 자는 다 주 안에서 즐거워하고 기뻐하게 하시며 주의 구원을 사랑하는 자는 항상 말하기를 여호와는 위대하시다 하게 하소서(시 40:16).

오직 우리 주 곧 예수 그리스도의 은혜와 그를 아는 지식에서 자라 가라 영광이 이제와 영원한 날까지 그에게 있을지어다(벧후 3:18).

불평과 원망 대신 감사와 찬양을 하라

2006년 4월 28일 새벽에 하나님께서 거의 30분간 말씀하셨는데 그중 뚜렷이 기억되는 것은 "현저하게 다르게 하라"다. 이스라엘 백성은 기적을 체험하고도 금방 원망하였다. 고라 자손과 다단과 아비람이 모세와 아론을 원망하다가 죽었는데도 바로 다음날 원망하였다.

땅이 그 입을 열어 그들과 그들의 집과 고라에게 속한 모든 사람과 그들의 재물을 삼키매 그들과 그의 모든 재물이 산 채로 스올에 빠지며 땅이 그 위에 덮이니 그들이 회중 가운데서 망하니라(민 16:32-32).

이튿날 이스라엘 자손의 온 회중이 모세와 아론을 원망하여 이르되 너희가 여호와의 백성을 죽였도다(민 16:41).

그들은 기적을 체험하고도, 심판을 보고도 원망했다고 말씀하시면서 믿음은 감사하는 것이라고 알려 주셨다. 현저하게 다르게 하지 않으면, 광야 이스라엘 백성의 전철을 밟게 된다는 것을 상기시켜 주신 것이다. 이스라엘 백성은 하나님을 믿는다고 하면서도 감사보다 원망을 더 많이 했다. 믿음은 환경과 상황을 초월하여 하나님의 살아 계심을 믿고 그분의 약속을 붙들고 감사하는 것이다.

2006년 4월 25일에서 29일까지 아주사 부흥 백주년 집회에 참석하였다. 예언 트랙에서 로리 사역자를 통해 주님께서 주신 지식과 예언의 말씀이다.

기차에 많은 사람이 타고 있다. 산을 넘고 물을 건너 복음을 전한다. 여행을 많이 할 것이다. 하나님이 마음을 아신다. 많이 희생한 것을 아신다. 주를 위해 많은 일을 했다. 많은 사람이 쓰임받다 버려지고 넘어지나 너는 세상 끝날까지 넘어지지 않을 것이다. 사랑으로 사역하라. 사람들을 불쌍히 여겨라. 부드러운 마음, 아비의 마음을 줄 것이다. 새로운 일을 할 것이다. 말의 권세를 주었다. 입을 크게 열어 외쳐라. 개척자다. 목회자들에게 사역할 것이다. 말씀 전파와 가르침이다. 육신의 아버지에게 배우지 못한 것을 나에게 배울 것이다. 내가 가르친다. 더 자주 나의 음성을 들을 것이다. 사도적 기름 부음과 재생산의 기름 부음이다.

아내가 본 환상은 이러하다. 풍선에 바람을 넣어 불자 커져서 돔(스타디움)이 되었고 그곳에 많은 사람이 있었는데 주께서 이를 위해 마음의 할례가 필요하다고 하셨다. 우리가 하나님의 마음과 뜻을 취할 수 있는 단 하나의 장소가 있다. 바로 하나님과 나만 있는 곳이다. 이 교제 안에서 묶고 푸는 능력을 얻는다. 혼자 있을 때의 자신이 진정한 자신이다. 우리 안에 죄가 있으면 묶고 풀 수 없다. 이는 거룩한 전쟁이다. 주께서 "내가 거룩하니 너도 거룩하라. 내가 너를 쓸 것이다"라고 말씀하셨는데, 하나님이 사람을 준비시켜 쓰시는 과정은 이러하다.

첫째, 택하심, 둘째, 부르심, 셋째, 가르치심, 넷째, 훈련하심, 다섯째, 시험하심, 여섯째, 헌신하게 하심, 일곱째, 사명과 권세 부여, 여덟째, 파송하심이다. 이를 위해 누구에게나 시험이 있다. 시험하기에 가치가 없다면, 실제로 가치가 없는 것이다. 그래서 믿음의 시험과 시련 중에 현저하게 다르게 해야 한다. 불평과 원망 대신에 감사와 찬송을 해야 할 이유가 여기에 있다.

시험을 참는 자는 복이 있나니 이는 시련을 견디어 낸 자가 주께서 자기를 사랑하는 자들에게 약속하신 생명의 면류관을 얻을 것이기 때문이라 (약 1:12).

그러나 내가 가는 길을 그가 아시나니 그가 나를 단련하신 후에는 내가 순금 같이 되어 나오리라(욥 23:10).

마음의 변화

아직도 광야를 벗어나지 못해 어려움이 반복되고 삶의 변화가 없다면, 그리고 삶에 만족이 없다면 먼저 마음을 바꿔야 한다. 형편과 상황이 좋아지는 것이 우선이 아니다. 내 마음이 바뀌면 모든 것이 바뀌기 때문이다. 믿음생활이 왜 정체되고, 고난은 왜 끝나지 않는가의 의미를 알기 위해서는 무엇보다 마음의 변화가 우선임을 알아야만 한다. 그러기 위해서는 현저하게 다르게 해야 한다. 내 마음이 변화되기 전에는 환경과 상황이 바뀌지 않을 것이다. 그 문제는 넘어갈지라도 또 다른 문제가 닥쳐오고, 결국 문제의 형태만 다를 뿐 그 패턴의 굴레를 벗어나기 힘들다. 광야는 문제의 원인과 실마리를 모르기 때문에 그 문제 속에서 방황하고 불평하고 낙심하고 원망하는 일을 되풀이하는 장소다.

고난에는 두 종류가 있다. 첫째는 죄의 결과 때문에 당하는 고난이요, 둘째는 애매하게 고난받는 것으로 믿음의 시련을 위한 것이다. 죄의 결과로 겪는 연속되는 고난에서 벗어나는 길은 회개하고 다시는 그러한 죄를 짓지 않는 것이다. 그러지 않고는 원수의 공격을 멈추기 힘들고 급기야는 낙망하고 원망하여 실족할 수 있다. 또 다른 믿음의 시련을 위한 고난은 자신을 낮추고 굴복시키며 부단히 견뎌내면서 불평 대신 감사와 찬미로 승리해야 한다. 하나님을 사랑하는 자에게는 모든 것이 합력하여 선을 이루게 될 것을 믿어야 한다. 상황이 문제가 아니라 그 상황 속에서 하나님의 선하시고 기뻐하시고 온전하신 뜻이 무엇인지 분별하는 것이 무엇보다도 중요하다.

> 너희는 이 세대를 본받지 말고 오직 마음을 새롭게 함으로 변화를 받아 하나님의 선하시고 기뻐하시고 온전하신 뜻이 무엇인지 분별하도록 하라(롬 12:2).

이를 위해 생각의 전환을 해야 한다. 진전없는 같은 일을 반복하면 더 나은 내일을 기대할 수는 없다. 그러므로 현저하게 다르게 해야 한다.

첫째, 마지막 시대에 승리하기 위해서는 반드시 다르게 생각해야 한다. 하나님의 백성은 하나님이 생각하시는 것처럼 생각해야 한다. 다르게 생각하고 다르게 행동해야 한다.

둘째, 믿는 자는 믿음의 권세를 가졌다. 우리는 지는 자가 아니라 이기는 자다. 이기는 자는 왕 같은 제사장으로 지성소의 영역에 들어가고 나올 때는 세상을 다스리는 능력으로 나온다.

셋째, 그동안 외국인 사역자들이 마지막 때를 위한 준비의 길을 열었다면, 이제 한국 사람이 한국 사람을 뒤집어 놓을 때다. 수술할 것이다. 말씀을 전할 때 십자가가 나타나 가슴을 가를 것이다.

넷째, 진정으로 하나님을 사랑하는 자들은 하늘에서 잘 알려졌다. 그들이 일어나는 것을 보고 지옥이 들끓고 있다. 이들은 마지막 때에 에녹과 같이 하나님과 동행하는 자들이다. 천사도 동행한다.

다섯째, 이 시대에 하늘에서 초자연적인 역사가 이미 준비되었다. 그것은 놀라운 치유, 권능, 기적, 부가 될 것이다. 이러한 영역에 들어가려면 꾸준한 연습이 필요하다. "위엣 것을 찾으라. 그리하면 모든 것이 초자연적이다"라고 하셨다.

여섯째, 지금은 하나님의 영이 우리의 영적 기초의 상태를 드러내기 위해 시험하는 시간이다. 이때 바르게 서면 이기는 자로 쓰임받게 될 것이다.

여호와여 나를 살피시고 시험하사 내 뜻과 내 양심을 단련하소서(시26:2).

일곱째, 하나님의 영광을 접할수록 거룩함이 온다. 그분의 영광은 '존귀, 위엄, 무거움, 광채, 풍부함'이다. 이는 하나님의 무게로서 그 앞에 굴복될 수밖에 없고 오직 경배로만 서게 된다. 이 굴복과 경배가 거룩함을 가져온다.

여덟째, 오늘날 많은 교인이 진리를 아는 것 같지만, 그들의 삶에 거룩함과 능력이 없다. 진리는 그리스도 안에 계시된 하나님의 마음을 아는 것과 하나님 은혜의 빛 안에서 자신의 마음을 아는 것이다. 진리와 거룩은 같이 간다.

아홉째, 주님을 구주로 믿는 믿음과 주인으로 섬기는 것은 다르다. 주님을 주인으로 삼지 않고 주님을 믿는다는 말은 성립이 되지 않는다. 그것은 회개 없는 믿음, 성결 없는 구원, 굴복 없는 정신적 동의다. 주님은 내 삶의 주인이시다.

열째, 참된 믿음은 회개와 굴복을 내포한다. 그리고 믿음은 우리의 모든 것을 다 맡기고, 주님을 주인으로 모셔 들이는 것이다. 그분이 주님 되심의 최종적 성립이 모든 것의 종말을 가져올 것이다.

열한째, 영적으로 전진할 때 극복해야 할 것은 영적 자만심이다. 다른 사람들이 보지 못하는 것을 보고 이해한다고 해서 그들을 비판하고 내려다보면 영적 진전이 지속되기 어렵다. 더욱 겸손해야 한다.

열두째, 마지막 영광의 추수 때인 지금은 그분에게 가까이 가고 그분의 약속을 붙드는 자에게 하늘의 지혜와 은총과 거대한 부를 쏟아부으실 것을 기대하라. 왕 같은 부르심은 거룩한 부르심인 동시에 다스리는 부르심이다.

열셋째, 하나님으로부터 듣기 위해 우리는 반드시 그분의 임재 안에서 시간을 보내야 한다.

너희는 가만히 있어 내가 하나님 됨을 알지어다 내가 뭇 나라 중에서 높임을 받으리라(시 46:10).

열넷째, 일반적 소명은 성소 영역의 제사장 사역이다. 궁극적 소명은 지성소 영역의 대제사장적 사역이다. 궁극적 소명은 오직 주님의 음성을 듣는 계시로 온다. 주님께서 그분의 뜻을 다 이루게 하실 것이다.

열다섯째, 십자가 앞에 계속 머무는 것이 항상 좋은 신앙이 아니다. 십자가의 감격은 영원하지만 그것은 시작이요, 부활을 넘어 하나님의 보좌를 향해 올라가야 한다. 주님이 십자가에서 자기의 육체를 찢으사 지성소의 영역이 열렸다.

열여섯째, 전에는 무엇을 구하느라 항상 머리 숙여 기도했는데, 지금은 주님의 얼굴과 영광을 구하기에 종종 얼굴을 들고 하늘을 향해 기도한다. 내 뜻이 아니라 주님의 뜻을 구하고 오실 주님을 대망하면 기도는 경배가 된다.

열일곱째, "원하는 것이 없어야 한다"고 하셨다. 내가 원하는 것, 나를 위해 구하는 것이 없어야 한다는 것이다. 그저 통로가 되는 것이다. 주님의 마음에 합하기만 하면, 그분이 그분의 뜻을 이루실 것이다. "하늘(주님)의 뜻이 땅(나)에서도 이루어지이다"라고 기도할 수밖에 없다.

내 원대로 마옵시고 아버지의 원대로 되기를 원하나이다(눅 22:42).

평화와 영적 권위

하나님은 평강의 하나님이시다. 부활하신 예수님은 두려워 떨고 있는 제자들에게 오셔서 세 번이나 "너희에게 평강이 있을지어다"라고 하셨다(요 20:19, 21, 26). 우리는 주님이 주신 평화로 사탄을 멸해야 한다. 사탄은 시험을 통해 우리를 두렵게 한다. 그러나 시험 중에 평화를 소유하고 기뻐하면 사탄의 궤계는 무너진다. 그러므로 시련과 환난과 적진 속에서도 평화로 자신을 다스려야 한다. 평화는 하나님의 사랑 안에서 안심(신뢰)되는 것의 열매다. 내 안에 계신 이가 세상에 있는 이보다 크심을 아는 곳에 평화가 있다.

자녀들아 너희는 하나님께 속하였고 또 그들을 이기었나니 이는 너희 안에 계신 이가 세상에 있는 자보다 크심이라(요일 4:4).

우리의 믿음은 자기 확신이 아니라, 하나님을 확신하는 것이다. 치열한 영적 전쟁을 할 때 우리가 가진 영적 권위를 알아야 한다. 영적 권위는 갈등과 억압이 있을 때도 하나님의 평화를 유지하는 데서 나타난다. 이는 수많은 사람이 갈팡질팡하고 요동할 때, 하나님을 신뢰하고 그분의 사랑을 의심 없이 확신할 때 소유하는 평화다. 이처럼 참된 영적 권위를 소유하고 그 안에서 움직이려면 평화를 소유해야 한다. 극심한 영적 전쟁의 시련 속에서 평화를 유지하면, 사탄의 억압과 두려움을 박멸하는 무기가 된다. 사무엘상

17장에서 다윗은 사울왕을 비롯하여 모든 군대가 두려워 떠는 가운데 하나님을 믿는 믿음에 근거한 평화와 승리의 확신으로 골리앗을 물리쳤다.

> 여호와의 구원하심이 칼과 창에 있지 아니함을 이 무리에게 알게 하리라 전쟁은 여호와께 속한 것인즉 그가 너희를 우리 손에 넘기시리라
> (삼상 17:47).

우리의 승리는 결코 우리의 감정과 지성에서 오지 않는다. 우리의 승리는 우리의 눈으로 보거나, 귀로 듣는 것으로 판단하는 것을 거부하고 하나님께서 약속하신 것이 반드시 이루어질 것이라는 사실을 확신하는 데서 온다.

> 하나님의 약속은 얼마든지 그리스도 안에서 예가 되니 그런즉 그로 말미암아 우리가 아멘 하여 하나님께 영광을 돌리게 되느니라(고후 1:20).

지금 처해 있는 상황에 인간적으로 반응하는 것을 멈추지 않으면 그리스도의 승리를 결코 알지 못할 것이다. 어떤 일 위에 진실로 권위를 갖고 있다면, 그것을 염려나 두려움이나 위협 없이 바라볼 수 있다. 우리의 평화는 우리 승리의 증거다. 예수님은 폭풍과 싸우지 않으시고 꾸짖고 완전한 평화 안에서 그분의 권위로 다스리셨다. 사탄은 언제나 두려워하게 하고, 염려와 의심하게 만들고, 자신을 불쌍히 보게 만든다. 그리고 우리의 평화를 빼앗고 근

심하고 두려워하게 한다. 이것이 마귀의 궤계다. 그러므로 우리 안에 평화가 없으면 전쟁이 있고, 평화가 있으면 승리가 있다. 하나님의 법에 자신을 굴복시키기 전에는 마귀 다스릴 것을 꿈도 꾸지 말아야 한다. 평화는 성령의 특성이요, 영적 능력이다. 평화 안에 걸을 때 능력 안에 걷는 것이다. 환난 가운데 영적 권위를 갖는 것은 평화를 소유하는 것이다. 결국 평화가 영적 권위의 척도가 되는 것이다. 다윗은 평강의 하나님과 함께 걸으므로 사망의 음침한 골짜기를 다녀도 두려워하지 않는다고 고백하였다.

내가 사망의 음침한 골짜기로 다닐지라도 해를 두려워하지 않을 것은 주께서 나와 함께 하심이라(시 23:4).

평화의 근원은 하나님이시다. 우리의 승리는 하나님과 우리와의 관계를 아는 데 있다. 우리는 하나님의 자녀가 되는 권세를 가졌다(요 1:12). 우리의 승리는 우리가 만국을 다스리시는 보좌에 계신 하나님과 함께 앉는 데서 온다. 안식이 다스림보다 먼저이고, 평화가 능력보다 먼저다. 결국 우리가 소유한 평화가 우리의 영적 권위를 나타내는 것이다. 오늘도 하나님 자녀의 영적 권세로 사탄을 박살 내고 참된 평화를 소유하자.

평강의 하나님께서 속히 사탄을 너희 발 아래서 상하게 하시리라 우리 주 예수 그리스도의 은혜가 너희에게 있을지어다(롬 16:20).

1. 내 맘속에 있는 참된 이 평화는 누구도 빼앗을 수 없네
   주님은 내 맘에 구주 되셨네 오 주 없인 살 수 없네
   오 주 없인 살 수 없네 오직 주께만 구원 있네
   주님 없는 세상 평화 없네 오 주 없인 살 수 없네.
2. 평화 없는 세상 고통과 싸움뿐 사람들은 무서워 떠네
   평화의 왕이 다시 올 때까지 죄와 전쟁은 끝이 없네
   오 주 없인 살 수 없네 오직 주께만 구원 있네
   주님 없는 세상 평화 없네 오 주 없인 살 수 없네.

기쁨의 교회

항상 기뻐하라 쉬지 말고 기도하라 범사에 감사하라 이것이 그리스도 예수 안에서 너희를 향하신 하나님의 뜻이니라(살전 5:16-18).

하나님 나라는 기쁨의 나라다. 하나님 나라의 모형인 교회는 기쁨의 교회가 되어야 한다. 성경에 나타난 초대교회만 아니라 기독교 역사적으로 교회가 가진 두 가지 큰 특징이 있는데 첫째, 교회는 박해 중에 성장했다. 둘째, 온갖 박해와 시련 중에서도 기쁨을 잃지 않았다.

날마다 마음을 같이 하여 성전에 모이기를 힘쓰고 집에서 떡을 떼며 기쁨과 순전한 마음으로 음식을 먹고 하나님을 찬미하며 또 온 백성에게 칭송을 받으니 주께서 구원 받은 사람을 날마다 더하게 하시니라(행 2:46-47).

신앙의 기쁨은 환경에 좌우되지 않는다. 기쁨은 기독교 신앙의 본질이다. 하나님의 사람들은 이 세상에서 가장 긍정적이고 기뻐해야 하며, 환난 중에서도 감사하고 기뻐해야 한다.

사도들은 그 이름을 위하여 능욕 받는 일에 합당한 자로 여기심을 기뻐하면서 공회 앞을 떠나니라(행 5:41).

갈라디아서 5장 22절에서 성령의 열매는 사랑과 희락과 화평이고, 로마서 14장 17절에서 하나님 나라는 오직 성령 안에서 의와 평강과 희락이라고 하였다. 희락은 일시적인 육신의 기쁨이나 쾌락이 아니라, 구원의 기쁨 또한 하나님의 영광 곧 그분의 아름다움을 경험한 천국의 기쁨을 말한다. 주님께서 요한복음 4장 14절에서 사마리아 여인에게 "나의 주는 물은 그 속에서 영생하도록 솟아나는 샘물이 되리라"고 하셨다. 구원의 샘물, 우리 영혼의 샘물은 영원토록 계속 솟아나는 기쁨의 샘물이다. 그러므로 우리는 원수가 메워놓은 우리 안의 기쁨의 우물을 다시 파야 한다. 창세기 26장 18절에서 블레셋 원수들이 아브라함이 팠던 우물을 돌로 메웠다고 하였다. 이처럼 원수 마귀는 우리 은혜의 우물, 감사의 우물, 구원의 기쁨의 우물을 돌로 메꾼다. 그래서 어느 순간 처음 받은 구원의 은혜와 감사, 기쁨이 사라지고, 기도도 찬송도 전과 같지 않고 육신과 마음도 병들기 일쑤다.

그러므로 다시 은혜와 감사와 기쁨의 우물을 파야 한다. 우리는 다투지 않는 넓은 장소(르호봇)에 우물을 파야 한다. 그곳은 하나님과 단을 쌓는 장소다. 모든 삶의 환경을 수평적인 인간관계에 맞추지 말고 하나님과의 관계에, 그분과의 친밀한 교제에 초점을 맞추어야 한다. 수직적 관계의 열매가 수평적 관계의 열매로 나타나기 때문이다. 그래서 "항상 기뻐하라 쉬지 말고 기도하라 범사에 감사하라"고 하신 것이다. 이는 그리스도 예수 안에서 우리를 향하신 하나님의 뜻이며, 이 기쁨은 기도와 감사를 통해 나타나는 열매다.

그러므로 감사는 고난의 출구요 축복의 입구가 됨을 믿고 어떠한 상황에 처해 있든 매 순간 감사를 고백해야 한다. "하나님 감사합니다!"를 백 번, 수백 번이라도 고백하자. 근원적으로 감사하면 구원의 기쁨이 찾아올 것이다. 감사-찬송-극진 찬송-영광 선포의 고백 단계로 올라가 거룩한 산 정상에서 주님을 뵈옵고 엎드려 경배하며 진정 영으로 "주님을 사랑합니다"라고 고백하게 되는 것이다.

오래전에 주님께서 "기도보다 찬양을 더 많이 하라"고 하셨다. 주님만 높이는 찬양을 통해 기쁨이 표현되고 체험되는 것이다. 천국은 기쁨의 나라다. 동시에 항상 찬양이 계속되는 곳이다. 하나님은 우리의 찬송 중에 거하신다(시 22:3). 시편 9편 1-3절의 고백대로 우리가 전심으로 여호와께 감사하며 주를 기뻐하고 즐거워하며 지극히 높으신 주의 이름을 찬송할 때, 원수들이 물러간다. 환경을 초월하는 기쁨이 샘솟고 위로부터 초자연적인 기쁨의 비가 내린다. 그러므로 육체와 마음이 기뻐할 수 없는 환경 속에서도 기뻐할 수 있도록 날마다 감사를 고백하고, 입술의 열매인 찬미의 제사를 드리자. 힘들고 어려울 때 찬양하면 진실로 내 속에 있는 영이 찬양한다는 것을 체험하게 될 것이다. 하나님 영광의 아름다움을 보면, 이전의 구원의 기쁨의 회복 위에 하늘의 기쁨을 맛보게 된다.

영으로 누리는 영원한 기쁨이다. 그러므로 이제 슬픔과 탄식의 날은 끝났다. 이제 슬퍼하는 자에게 화관을 주어 그 재를 대신하며, 희락의 기름으로 슬픔을 대신하며 찬송의 옷으로 근심을 대신하실 것이다(사 61:3). 항상 기뻐하고 쉬지 말고 기도하고 범사에 감사하자. 이는 그리스도 예수 안에서 우리를 향하신 하나님의 뜻이다(살전 5:16-18). 다윗이 고난 중에서 발견한 주 앞의 기쁨과 주 우편의 즐거움을 경험하는 우리가 되자.

주의 앞에는 충만한 기쁨이 있고 주의 오른쪽에는 영원한 즐거움이 있나이다(시 16:11).

초대교회는 환난과 핍박 중에서도 기뻐하였다. 그러므로 현저하게 다르게 해야 한다. 하나님은 슬퍼하는 자에게 화관을 주어 그 재를 대신하며 기쁨의 기름으로 그 슬픔을 대신하며 찬송의 옷으로 그 근심을 대신하시고 그들이 의의 나무 곧 여호와께서 심으신 그 영광을 나타낼 자라 일컬음을 받게 하시는 분이다(사 61:3). 어떤 상황에서도 영원토록 주님의 영 안에서 자유하고, 영광에서 영광에 이르는 영영한 기쁨과 희락을 누리자. 그것이 교회요, 구원받은 백성의 특권이다.

끝 잘 맺기

《하프타임의 고수들*Finishing Well*》이라는 책에 보면, 성공하고 이름난 기독교 지도자 세 명 중 한 명만 끝이 좋고 둘은 끝이 안 좋다고 한다. 그런데 요즈음은 네 명 중 한 명이라고 한다. 다시 말하면, 유명한 기독교 지도자 네 명 중 세 명이 인생 노년에 타락하거나 명예가 실추되거나 실패했다는 것이다. 그 원인은 다양하겠지만 주로 물질욕과 명예욕, 권력욕 그리고 방탕한 삶의 결과 때문일 것이다. 물질과 많은 사람이 따르고 이름이 알려지면 지위와 권력에 눈이 멀어 주님만을 사랑했던 첫사랑을 잃어버리고, 기도와 지혜와 열정과 성령의 능력으로 이룰 수 있었던 하나님과의 관계성을 잃어버리는 것이다.

한국 교회의 성장 모델이었던 캘리포니아 수정교회를 설립했던 목사의 말로가 그러하였고, 한국 대형 교회 목사들의 끝이 대부분 그러하다. 이들은 종교다원주의를 한국 교회에 들여오고, 수천, 수억의 비자금을 축적하고, 여성 편력으로 문제를 일으키고, 믿는 사람들뿐만 아니라 세상 사람들에게도 지탄을 받는 끝이 안 좋은 삶을 살고 있다. 어떤 목사는 아들에게 교회를 세습했는데 그 아들 목사가 꽃뱀에게 물려 망신당하는 것을 인생 말년에 보고 죽었다. 또 어떤 목사는 서울 근교에 개척한 교회를 아들에게 물려주었는데 아버지와 아들 목사의 갈등으로 은퇴한 아버지에게 연금을 안 주기로 장로들과 결의하고 교단을 탈퇴하였다. 아버지가 세상 법에 고소하여 은퇴 연금 50퍼센트 지급 결정이 나자 아들 목사가 교회에서 사망했다는 신문 기사도 있었다.

그리고 한국의 한 대형 교회는 변칙 세습 때문에 수년간 물의를 빚고 있다. 총회가 세습 금지법을 제정했지만, 총회장을 지낸 은퇴 목사는 지방 어느 도시에 교회를 개척하여 아들을 담임 목사로 보낸 후에 그 교회와 합병해서 담임 목사직을 물려줄 거라고 한다. 자기 입으로 절대 그렇게 하지 않겠다고 선포했음에도 불구하고 무리한 세습을 강행하는 것이다. 지도자들이 원칙도 양심도 없고 자기 말도 지키지 않는다. 물질 욕심이, 명예와 지위와 권력 욕심이 눈을 멀게 하고 양심의 소리와 다른 사람들의 권면이나 충고를 듣지 못하게 하는 것이다. 자기가 곧 법인 것처럼 행동한다. 이 모든 것은 하나님께 돌아갈 영광을 가로채는 것이다.

성공하고 이름난 지도자들이 걸려 넘어지는 시험은 대부분 예수님이 40일 금식 후에 당하신 시험 중 세 번째 시험이다. 마귀가 예수님을 지극히 높은 산으로 데리고 가서 천하만국과 그 영광을 보여 주며 자기에게 엎드려 경배하면 이 모든 것을 주리라고 한 시험이다. 그때 주님은 "사탄아 물러가라 기록되었으되 주 너의 하나님께 경배하고 다만 그를 섬기라 하였느니라"(마 4:10) 하심으로 시험을 물리치셨다.

2013년 10월, 일부 한국 교회가 WCC를 유치하고, 2014년 5월 22일에 가톨릭과 연합하는 조인식을 하였다. 보통 사람으로는 생각할 수 없는 미혹의 단계까지 간 것이다. 어떻게 하나님 한 분만 경배해야 하는 기독교가 적그리스도의 괴수요, 이단 중의 이단인 가톨릭과 연합하고 교황을 알현하는 것을 영광으로 생각할 수 있을까. 회개하고 돌이키지 않으면 그 끝은 분명히 멸망이다.

한국 교회 지도자들이 작금의 정치 상황의 심각성을 우려해서 회개 기도회를 열었다. 그런데 그 지도자들이 종교다원주의 WCC 와 가톨릭과의 연합을 주도하는 이들이었다. 참 회개 기도회가 되려면 자신들의 잘못을 먼저 회개하고 그들과의 관계를 단절하는 것이 우선이다. 2017년은 로마 교황청 중심의 가톨릭교회 타락을 비판하고 기독교의 참된 정신으로 돌아가자는 종교 개혁 500주년 해였다. 그런데 가톨릭과의 연합을 주도하는 지도자들이 종교 개혁 500주년 기념행사를 주관하였다. '끝 잘 맺기'는 자신의 구원을 잃지 않는 것이다. 미혹에 사로잡힌 지도자들은 "내가 너를 모른다"는 주님의 음성을 듣게 될 것이다. 한국 교회가 끝맺기를 잘하지 못하면 그동안의 부흥과 성장의 결과를 송두리째 빼앗길 수도 있다. 첫사랑 회복을 위한 회개가 먼저 일어나야 한다.

어느 날 한 전도사의 전화를 받았다. 어렵고 힘들어서 은혜를 사모하는 마음으로 어느 집회에 갔는데 사역자가 자기에게 꼭 치료받아야 한다고 자주 전화해서 부담스럽다는 것이다. 치료는 치료받을 사람이 가야 하고 부담되면 안 갈 수도 있다. 그런데 자꾸 오라고 하는 것은 조종하려는 것이고, 사역자가 참석자에게 매달리는 것은 합당하지 않다고 말해 주었다.

물질의 풍요를 누리다가 미혹되고 타락한 경우도 있지만, 영적으로 많은 은혜를 받고 치유나 예언 사역을 하는 은사자 중에서 재정적 어려움을 겪을 때, 끝이 안 좋은 경우를 수없이 보았다. 환난 중에 기도해서 은사와 능력을 받아 많은 사람을 치유하며 곤경에 빠진 사람들을 구해 주었어도 이것이 물질과 연결되지 않아 늙고 가난하고 몸도 마음도 약해져 변질하면, 하나님을 원망하고 낙심에 빠져 예배까지 거부하는 사람도 보았다. 끝을 잘 맺기는 어렵다. 성공하고 잘되면 타락하고, 힘들고 병들면 하나님을 원망하며 끝을 맺는 경우가 너무 많다.

하지만 사명을 잘 감당하고 큰일을 이루고 큰 축복을 받고도 끝맺기를 잘 할 수 있다. 모든 일에 항상 하나님께 감사하고 모든 성취를 하나님께 영광 돌리는 기회로 삼으면 된다. 다윗처럼 은과 금이 풍부하고 나라가 부강해도 하나님의 얼굴과 그분의 영광을 사모하면 된다. 그러기 위해서는 믿음으로 의롭게 되는 의인화(Justification)를 넘어서서 성령으로 거룩하게 되는 성결화(Sanctification)를 통과하고도 안주하지 않고 영광에서 영광으로 이르는 영화화(Glorification)를 추구해야 한다. 이것이 이 땅에서 영광으로 영광에 이르는 길이다. 하나님의 영광이 머무는 집이 되는 것이 '끝을 잘 맺기'의 길이다.

나는 요셉처럼 다윗처럼 하나님의 뜻을 다 이루고 그분의 넘치는 축복, 반드시 복 주고 복 주시는 열방의 축복의 통로가 되기를 원한다. 그래서 끝을 잘 맺을 것이다. 그래야 하나님께 영광을 돌리고 그분의 영광을 많은 사람에게 나타낼 수 있을 뿐만 아니라, 믿음의 유산을 자손들에게 물려주고 주님 앞에 설 때 상급의 영광을 얻게 될 것이다. 일평생 주님을 위해 살면서 하늘의 상급을 많이 쌓아도 인생의 끝맺기를 잘못하여 천국에 들어가지 못한다면, 그 상급은 무용지물이 될 것이다. 믿음은 마라톤이다. 끝까지 잘해야 승리자다. 남은 자(Ramnant)다. 이기는 자(Overcomer)다. 오직 경배자와 거룩한 자만이 인생의 끝날까지 주님과 함께할 것이다. 오직 하나님께 경배해야 한다.

나의 하나님 여호와께서 임하실 것이요 모든 거룩한 자들이 주와 함께 하리라(슥 14:5).

내가 이미 얻었다 함도 아니요 온전히 이루었다 함도 아니라 오직 내가 그리스도 예수께 잡힌 바 된 그것을 잡으려고 달려가노라 형제들아 나는 아직 내가 잡은 줄로 여기지 아니하고 오직 한 일 즉 뒤에 있는 것은 잊어버리고 앞에 있는 것을 잡으려고 푯대를 향하여 그리스도 예수 안에서 하나님이 위에서 부르신 부름의 상을 위하여 달려가노라(빌 3:12-14).

제
2
부

영적 돌파

Make it
markedly
different

영적 돌파

영적 돌파는 가로막고 있는 장벽을 무너뜨리고 넘어가는 '파라 쯔(돌파)의 역사'로 한계의 극복을 뜻한다. 2016년 킹덤 빌더즈 3월 과 5월 한국 집회에 통곡이 시작되었다. 이는 회복을 위한 영적 돌 파의 시작이었다. 개인과 가정과 교회와 민족도 이 돌파의 역사 를 통해 모든 장벽을 무너뜨리고 한계를 넘어 약속의 땅으로 나 아가게 되는 것이다. 바바라 요더는 이것을 '돌파의 기름 부으심 (Breaking Anointing)'이라고 하는데 나는 '무너져 내림'이라고 말한 다. 먼저 내가 무너져 내려야 나를 막고 있던 한계의 장벽이 무너 져 내리기 때문이다. 바바라 요더는 그의 책《부서트리고 무너트 리는 기름 부으심》에서 "삶의 모든 영역에서 장벽의 문을 부수고 한계의 벽을 허물며 하나님이 주시는 승리를 발견하라"고 말한다.

길을 여는 자가 그들 앞에 올라가고 그들은 길을 열어 성문에 이르러서 는 그리로 나갈 것이며 그들의 왕이 앞서 가며 여호와께서 선두로 가시 리라(미 2:13).

성령의 기름 부으심이 억압과 속박에서 해방하는 영적 능력이다. 이를 위해 먼저 하나님 앞에서 깨어져야 한다. 무너져 내려야 한다. 이사야서 6장에 보면 웃시야가 죽자 민족의 암담한 장래를 생각하며 성전에 있던 이사야에게 하나님의 보좌가 내려오자 "화로다 나여 망하게 되었도다"(5절) 하며 무너져 내렸다. 바바라 요더는 "우레 소리와 같은 하나님의 음성은 인간의 한계를 극복하게 하는 부서뜨리고 무너뜨리는 기름 부으심이다"라고 하였다. 사도행전 9장에 보면 다메섹에 있는 성도들을 잡아 오려고 내려가던 사울에게 "사울아 사울아 네가 어찌하여 나를 박해하느냐"(4절) 하는 소리가 들렸고 그는 무너져 내렸다. 그리고 이방인의 사도가 되었다.

　　이처럼 영적 도약과 상승이 있을 때마다 우리는 한계의 장벽을 무너뜨리고 나아가야 한다. 이를 위해 주님의 음성이 천둥소리처럼 들려오는 것이다. 나에게도 밝은 아침 햇빛 아래 오른쪽 하늘에서 "하나님의 리콜 운동을 하라!"는 벽력같은 소리가 들려왔고 이후로 내 삶의 궁극적 사명으로의 방향이 결정되었다. 바바라 요더는 "그러한 소리는 우리를 안주의 자리에서 하나님이 창조하신 목적을 이루어 놓는 자리로 옮기신다"고 하였다.

> 하나님의 음성 곧 그의 입에서 나오는 소리를 똑똑히 들으라 그 소리를 천하에 펼치시며 번갯불을 땅 끝까지 이르게 하시고 그 후에 음성을 발하시며 그의 위엄 찬 소리로 천둥을 치시며 그 음성이 들릴 때에 번개를 멈추게 아니하시느니라 하나님은 놀라운 음성을 내시며 우리가 헤아릴 수 없는 큰 일을 행하시느니라(욥 37:2-5).

하나님의 음성이 나의 존재의 근원까지 흔들어 놓음으로 나의 계획은 무너지고 하나님의 뜻을 심어 주시기 위함이다. 이를 위해 하나님께서 편안하고 게으른 상태의 우리를 흔들고 깨우시는 것이다.

요즈음 전 세계에서 심상치 않게 지진 소식이 들려온다. 이탈리아는 천 번 넘는 지진이 계속되고, 한국의 도시와 섬들에도 가끔 지진이 발생하여 사람들의 마음까지 흔들어 놓는다. 히브리서 12장 26절은 말한다. "그 때에는(모세가 시내산에 올라갔을 때) 그 소리가 땅을 진동하였거니와 이제는 약속하여 이르시되 내가 또 한 번 땅만 아니라 하늘도 진동하리라 하셨느니라." 그러나 우리는 진동하지 아니할 하나님 나라를 받았다. 이를 위해 우리는 경건함과 두려움으로 하나님을 기쁘시게 해야 한다.

한계의 극복, 즉 영적 돌파(파라쯔)는 난관 타개, 장벽 돌파, 축복과 열매를 상징한다. 히브리어 '파라쯔'는 '(벽, 감옥을) 부수고 나가다, 터져 나가다, 성장하다, 열리다, 제한이 해제되다, 박살 내다, 뿌리 뽑다, 쪼개다'의 뜻이 있다. 영적 세계에서 이 한계가 극복되면, 육체적이고 물질적이고 자연적인 세계에서도 그 증거가 나타난다. 한계의 극복, 영적 돌파(파라쯔)가 일어나면 현실 속에서 여러 증거가 나타난다.

첫째, 영적 계시가 열린다. 영적 한계가 극복되면 영적으로 듣고, 보고, 느끼는 꿈과 환상과 계시가 열린다. 하나님의 계시가 나타나려면, 먼저 영적 장벽을 뚫어야 한다.

아이 사무엘이 엘리 앞에서 여호와를 섬길 때에는 여호와의 말씀이 희귀하여 이상이 흔히 보이지 않았더라(삼상 3:1).

둘째, 퍼지고 확장과 확대가 이루어진다.

이는 네가 좌우로 퍼지며 네 자손은 열방을 얻으며 황폐한 성읍들을 사람 살 곳이 되게 할 것임이라(사 54:3).

셋째, 육체가 강건해지고 감정의 해방이 이루어진다.

주 여호와의 영이 내게 내리셨으니 이는 여호와께서 내게 기름을 부으사 가난한 자에게 아름다운 소식을 전하게 하려 하심이라 나를 보내사 마음이 상한 자를 고치며 포로된 자에게 자유를, 갇힌 자에게 놓임을 선포하며 여호와의 은혜의 해와 우리 하나님의 보복의 날을 선포하여 모든 슬픈 자를 위로하되 무릇 시온에서 슬퍼하는 자에게 화관을 주어 그 재를 대신하며 기쁨의 기름으로 그 슬픔을 대신하며 찬송의 옷으로 그 근심을 대신하시고 그들이 의의 나무 곧 여호와께서 심으신 그 영광을 나타낼 자라 일컬음을 받게 하려 하심이라(사 61:1-3).

넷째, 재정의 증대가 이루어진다. 영적 돌파의 역사, 파라쯔는 재물의 축복이 따른다. 종래에는 모든 것의 풍성함과 증가가 나타난다. 성장과 번영과 창대함의 축복이 임한다.

내가 너보다 앞서 가서 험한 곳을 평탄하게 하며 놋문을 쳐서 부수며 쇠 빗장을 꺾고 네게 흑암 중의 보화와 은밀한 곳에 숨은 재물을 주어 네 이름을 부르는 자가 나 여호와 이스라엘의 하나님인 줄을 네가 알게 하리라(사 45:2-3).

그 때에 네가 보고 기쁜 빛을 내며 네 마음이 놀라고 또 화창하리니 이는 바다의 부가 네게로 돌아오며 이방 나라들의 재물이 네게로 옴이라 (사 60:5).

여호와께서 주시는 복은 사람을 부하게 하고 근심을 겸하여 주지 아니하시느니라(잠 10:22).

다섯째, 복음이 지역을 넘어서서 퍼져 나간다.

네 자손이 땅의 티끌 같이 되어 네가 서쪽과 동쪽과 북쪽과 남쪽으로 퍼져 나갈지며 땅의 모든 족속이 너와 네 자손으로 말미암아 복을 받으리라(창 28:14).

그동안의 방해와 장애가 타개되고 지경이 넓어져서 넓게 퍼져 나간다. 복음이 지역을 넘어서서 전파된다.

나를 넓은 곳으로 인도하시고 나를 기뻐하시므로 구원하셨도다 (시18:19).

여섯째, 승진이 일어난다.

그러나 주께서 내 뿔을 들소의 뿔 같이 높이셨으며 내게 신선한 기름으로 부으셨나이다(시 92:10).

무릇 높이는 일이 동쪽에서나 서쪽에서 말미암지 아니하며 남쪽에서도 말미암지 아니하고 오직 재판장이신 하나님이 이를 낮추시고 저를 높이시느니라(시 75:6-7).

영적 돌파는 첫째, 하나님을 기다림(앉아 있음), 둘째, 근원적인 회개(통곡, 무너져 내림), 셋째, 정결하게 하는 하나님의 불세례, 넷째, 아름다운 하나님 영광의 임재, 다섯째, 체험하는 하나님의 능력 순으로 이루어진다.

어떻게 영적 돌파를 이룰 것인가?

지금은 영적 변화의 시즌이다. 옛것에서 새것으로 들어가려면 영적 돌파를 이루어야 한다. 하늘의 영역에서 새로운 일이 시작되고 있고, 거대한 역사가 이 땅에 나타날 시즌이다. 기도가 하늘나라의 계획을 알게 한다. 그러므로 지금은 하나님의 원대한 계획에 맞추어 자신에게 주어진 꿈을 성취할 때다. 이를 위해 성령의 음성을 듣는 것은 시대적인 하나님의 계획에 동참하기 위해 무엇보다 중요하다. 하나님을 기다리고 그분의 음성을 듣는 자들에게 이 시즌에 하실 하나님의 일들이 계시 되고 있다. 자신을 하나님께 드리고 완전 복종하는 것이 하나님의 계획을 알게 되는 비결이다. 이전처럼 자기 삶을 계획하고 주장하는 것이 아니라, 전혀 다르게 해야 한다. 생각하는 것과 말하는 법을 바꾸고 환경을 바꾸어야 한다. 두 마음을 한마음으로 만들고 시간을 절제하며 하나님과의 교제를 통해 그분의 음성 듣기를 힘쓰고 하늘의 것을 찾아야 한다. 그리하여 시대적인 마지막 추수가 일어나는 변화의 시기에 하나님 나라가 이 땅에 완성되는 과정에 합류해야 한다.

지금은 이 역사를 위해 영적으로 계급이나 위치가 정해지는 권세의 시기다. 이를 위해 기도하고 금식하여 하나님의 뜻을 분별하며 자신의 궁극적 사명을 발견하고 붙잡아야 한다. 이러한 사람은 철저히 홀로 준비되는 과정을 겪는다. 광야의 모세와 엘리야와 에스겔이 그러하였다. 이처럼 어떤 큰일을 위해 준비되는 시기에 잘못된 곳에 가 있으면 안 된다. 자기의 길을 버리고 하나님이 이끄시는 길로 가야 한다. 여기에 굴복과 신뢰와 맡김의 과정이 있다. 또 즉각적인 순종이 요구된다. 새로운 역사를 위해 아브라함은 본토 친척 아비 집을 떠나 하나님이 지시하시는 곳으로 가야만 했다.

수년 전 하나님의 새로운 역사를 위해 나의 길을 막으시고 기다리게 하던 중에 보여 주신 꿈이 있다. 동기 목사들과 기차를 타고 서울로 가는 중에 중간 역에서 휴식을 위해 잠깐 내렸다. 기차가 떠나려 해서 얼른 타려고 긴 쇠 손잡이를 잡았는데 떨어지며 기차는 떠나고 혼자 역에 남았다. 손잡이를 땅에 대고 몸을 의지하자 쏜살같이 들을 가로지르고 강을 건너 산 아래 도착하였다. 레이싱

카를 탄 젊은 목사 세 명이 산 밑까지 따라와 차에서 내려 물었다. "길도 없는데 이제부터 어떻게 가야 하나요?" "산꼭대기로 가려면 지금부터는 하나님께 물어 가야 한다"고 말해 주었다. 길이 없는 산 정상(거룩한 곳)으로 올라가려면, 성령의 인도와 주님의 음성을 따라가야만 한다. 의심과 불신과 혼돈과 두려움을 버리고 하나님을 신뢰하며 그분과 함께 가야 한다. "초조하지 말고 신뢰심을 가져라"고 말씀하셨다. 앞길이 보이지 않는 것 같아도 이미 하나님께서 우리 속에 위대한 비전(약속의 씨앗)을 심으셨다. 아무것도 없이 그냥 따라 오라고 하시는 것이 아니다. 약속의 비전과 축복을 위한 계시를 주셨다.

하나님께서는 지금 왕이신 그분과 그분의 나라를 위한 골리앗을 물리칠 영적 승리자들을 일으키신다. 마지막 때 온 세상을 구원하고자 하시는 하나님의 계획에 연결된 이기는 자를 세우고 계시는 것이다. 그러므로 영적으로 하나님의 뜻을 분별할 뿐 아니라 자신을 향한 하나님의 뜻을 가로막는 마귀의 궤계를 분별하고 그들의 계획을 패배시킬 것을 구해야 한다.

그러므로 자신을 위해 중보할 사람, 영적 보호막이 될 사람을 구하라. 하나님께 물어 그분의 음성을 들을 자들과 함께하라. 당신이 한번 결정하면 온 세상이 그것이 이루어지도록 협력할 것이다. 하늘의 문이 열릴 것이다. 지금의 고통은 해산을 위한 도약임을 알아야 한다. 가로막고 있는 지금의 시련은 곧 지나갈 것이다. 반드시 풍성함으로 나올 것이며 영적 돌파는 이루어질 것이다.

길을 여는 자가 그들 앞에 올라가고 그들은 길을 열어 성문에 이르러서는 그리로 나갈 것이며 그들의 왕이 앞서 가며 여호와께서는 선두로 가시리라(미 2:13).

볼지어다 내가 네 앞에 열린 문을 두었으되 능히 닫을 사람이 없으리라(계 3:8).

내가 또 다윗의 집의 열쇠를 그의 어깨에 두리니 그가 열면 닫을 자가 없겠고 닫으면 열 자가 없으리라(사 22:22).

광야의 영적 의미

광야는 믿음과 순종을 시험하고 단련하는 장소다. 광야는 반드시 통과해야 할 곳이지만 오래 머물 곳도, 목적지도 아니다. 광야는 히브리어로 '미드바(midbar)'로 '말하다(to speak)'라는 의미가 있다. 광야는 내가 말하는 곳이 아니라 하나님의 음성을 듣는 곳이다. 광야는 내 뜻을 말하는 곳이 아니라, 하나님께서 나에게 말씀하시는 곳이다. 광야는 거칠고 척박하며 내 생각과 내 뜻에 맞지 않는 곳이다. 내 의지와 고집을 내려놓고 하나님께서 무엇을 말씀하시는가를 듣는 곳이다. 내 뜻과 내 의지대로 하던 세상의 분주함을 내려놓고 하나님의 세미한 음성을 듣는 곳이 광야다. 힘들고 어려울수록 내 주장과 내 생각을 기도하지 말고 하나님께서 무엇을 말씀하시는가를 들어야 한다. 그래야 광야를 빨리 탈출할 수 있다.

다시 말해 고난 중에는 하나님께서 나에게 무엇을 말씀하시는지, 무엇을 가르치시는지, 무엇을 시험하시는지를 알 때, 광야의 시험을 통과할 수 있다.

광야는 뒤를 돌아보고 후회하는 장소가 아니다. 현실의 어려움을 원망하는 장소가 아니다. 미래의 어려움을 보고 낙심하는 장소가 아니다. 고난 중에 믿음이 정금 같이 단련되는 시련의 장소다. 광야는 순종을 통해 얻게 될 자유를 방종하지 않게 하는 연단의 장소다. 하지만 광야는 앞을 보고 전진해 나아가는 장소이지 머물 곳이 아니다. 믿음의 첫 단계는 떠나는 것이요, 뒤를 돌아보지 않고 앞으로 나아가는 것이다. 우리가 과거를 돌아볼 때는 어려움 속에 있을 때 과거에 베푸신 하나님의 은혜에 감사하고 구원해 주신 하나님께서 오늘의 어려움에서도 구원해 주실 하나님의 능력을 의지할 때다. 현재의 어려움 때문에 떠난 자리로 돌아가려는 자들은 약속의 땅으로 나아갈 수 없다. 그러므로 지나온 과거에 대한 부정적인 기억은 치유되어야 하고, 긍정적인 기억도 반복해서 그때를 사모하는 것은 도움이 되지 않는다는 것을 알아야 한다. 광야에서 내 마음을 어떻게 지키고 어떻게 하나님의 명령을 지키는가에 승패가 달려 있다. 광야는 불평하고 원망할 장소가 아니라 믿음으로 인내하고 찬미해야 할 장소임을 기억할 때 광야를 탈출할 수 있다.

또한 광야는 메마르고 거친 장소다. 마실 물도 먹을 것도 없는 기갈과 기근이 있는 곳이다. 그곳은 무엇을 먹을까? 무엇을 마실까? 가장 원초적인 시험의 장소이기도 하다. 그러나 신앙생활에서 광야는 하나님께서 그분의 백성에게 의도를 가지고 통과하게 하시는 장소다. 왜냐하면 인간의 육체적·정신적 기갈과 기근을 통해 영혼의 목마름과 하나님께 대한 갈망을 창조하는 장소이기 때문이다. 다윗은 아둘람 굴, 십 광야, 엔게디 황무지 등을 헤매면서 애타게 하나님을 갈망하고 그분을 사모하였다.

> 하나님이여 주는 나의 하나님이시라 내가 간절히 주를 찾되 물이 없어 마르고 황폐한 땅에서 내 영혼이 주를 갈망하며 내 육체가 주를 앙모하나이다(시 63:1).

그곳은 하나님에 대한 절대적 신뢰와 하나님 말씀에 대한 무조건적 순종과 자아가 굴복되어 하나님 앞에서 자신을 낮추는 무한한 겸손을 배우게 해서 축복을 약속으로 받게 하는 하나님의 신학교다. 고난을 통해 하나님을 더욱 의지하고 순종해야 하는 광야에서 불평하고 원망하면, 시험을 통과하지 못할 뿐 아니라, 계속해서 실패하면 결국 약속의 땅에 이르지 못한다. 그러므로 우리가 이해하지 못하는 어려움과 역경 중에 있을지라도 하나님께서 그 사실을 알고 계시고 나를 도우실 능력이 있음을 믿어야 한다. 우리는 나에게 말씀하시는 것이 무엇인지 알기 위해 주님을 바라보고 그분을 찬미해야 한다.

믿음의 광야에서 이해하지 못할 일들이 닥쳐올 때, 우리의 뜻을 꺾게 하시고 주님의 뜻에 순종하게 하시는 하나님의 계획이 있음을 믿어야 한다. 이는 하나님만을 사랑하고 순종하며 살게 하려는 하나님의 계획이다. 광야는 주님으로만 만족하는 법을 배우는 훈련의 장소다. 또한 광야의 여정은 인내를 기르는 과정이다. 인내는 어떤 목표를 위해 끝까지 충성하는 것이다. 신실함과 충성됨을 의미한다. 결국 인내하는 자는 신실한 자요, 충성된 자다. 맡은 자들에게 구할 것은 충성이라는 말씀처럼, 우리에게 어떤 일을 맡기기 전에 충성을 시험하는 장소가 광야임을 알 때 광야는 절대 쉽지는 않지만, 미래의 축복에 대한 하나님의 뜻을 깨닫는 장소가 될 것이다.

생각하건대 현재의 고난은 장차 우리에게 나타날 영광과 비교할 수 없도다(롬 8:18).

광야 백성의 특징과 광야 탈출

첫째, 끊임없이 뒤를 돌아보았다. 이스라엘 백성은 그렇게 갈망하고 부르짖었던 애굽의 종노릇에서 해방되었다. 홍해를 건너는 민족적 세례를 경험하였다.

형제들아 나는 너희가 알지 못하기를 원하지 아니하노니 우리 조상들이 다 구름 아래에 있고 바다 가운데로 지나며 모세에게 속하여 다 구름과 바다에서 세례를 받고(고전 10:1-2).

그들은 하나님의 명령을 지켜 행하며 자신들을 낮추는 겸손과 순종의 훈련을 통해 광야를 벗어나 약속의 가나안 땅으로 들어가게 되어 있었다.

내가 오늘 명하는 모든 명령을 너희는 지켜 행하라 그리하면 너희가 살
고 번성하고 여호와께서 너희의 조상들에게 맹세하신 땅에 들어가서 그
것을 차지하리라 네 하나님 여호와께서 이 사십 년 동안에 네게 광야 길
을 걷게 하신 것을 기억하라 이는 너를 낮추시며 너를 시험하사 네 마음
이 어떠한지 그 명령을 지키는지 지키지 않는지 알려 하심이라(신 8:1-2).

그들은 가나안 땅을 바라보아야 하는데도 힘들 때마다 애굽으
로 돌아가자고 하며 모세와 하나님을 원망하였다.

이스라엘 자손이 다 모세와 아론을 원망하며 온 회중이 그들에게 이르
되 우리가 애굽 땅에서 죽었거나 이 광야에서 죽었으면 좋았을 것을 어
찌하여 여호와가 우리를 그 땅으로 인도하여 칼에 쓰러지게 하려 하는
가 우리 처자가 사로잡히리니 애굽으로 돌아가는 것이 낫지 아니하랴
(민 14:2-3).

옛날을 그리워하고 현재 생활에 감사가 없고, 불평불만과 걱정
과 근심이 떠나지 않는 것이 광야 백성의 근성이다. 조금만 어려워
지면 이곳에서 죽게 한다고 원망하고 돌아가자고 한다. 미래를 바
라보고 하나님을 신뢰하지 않으면 광야에서 죽게 된다. 광야 백성
의 특징 중 하나는 끝까지 견디지 못한다는 것이다. 애굽은 육과
세상을 상징한다. 그러므로 이는 죄의 근성이 죽지 않은 것을 보여

준다. 아직도 육이 죽지 않아 죄짓는 삶을 더 좋아하는 것이다. 그래서 광야생활(신앙생활)에서 어려우면 죄에 집착하는 것이다.

하나님께서 아브라함에게 "너는 너의 고향과 친척과 아버지의 집을 떠나 내가 네게 보여 줄 땅으로 가라"고 하셨다(창 12:1). 주님은 "손에 쟁기를 잡고 뒤를 돌아보는 자는 하나님의 나라에 합당하지 아니하니라"(눅 9:62)고 하셨다. "누구든지 나를 따라오려거든 자기를 부인하고 자기 십자가를 지고 나를 따를 것이니라"(마 16:24)고 하셨다. 바울 사도도 "오직 한 일 즉 뒤에 있는 것은 잊어버리고 앞에 있는 것을 잡으려고 푯대를 향하여 그리스도 예수 안에서 하나님이 위에서 부르신 부름의 상을 위하여 달려가노라"(빌 3:13-14)고 하였다. 롯의 처는 뒤를 돌아보다가 소금 기둥이 되었다. 뒤를 돌아보는 것은 세상의 미련을 버리지 못하는 것이다. 애굽으로 돌아가고자 하는 것은 죄짓는 삶을 그리워하는 것이며, 쾌락에 대한 집착이다. 죄의 결과로 인한 고난은 잊어버리고 다시 죄의 유혹을 이기지 못하고 있다. 신앙생활 중에 어려움이 닥치면 죄짓는 것에서 위안을 얻는 육에 속한 사람들의 특징이 끊임없이 뒤를 돌아보는 것이다.

둘째, 어려움의 의미를 모르고 끊임없이 불평하였다. 약속의 여정에서 겪는 고난에는 의미가 있다. 자신을 낮추고 뜻을 꺾게 하시는 하나님의 목적이 있다. 이는 종의 근성을 뿌리 뽑고 멍에를 매게 하고 재갈을 물리는 과정이다. 말을 훈련하기 위해 고삐를 매는 것과 같다. 자아를 굴복시키는 것이다. 고난과 훈련의 의미를 모르고 이스라엘 백성은 끊임없이 불평하고 하나님을 원망하였다. 원망은 낙심의 결과다. 자기 뜻을 복종시키는 과정에서 순복하지 않고 자기 뜻대로 안 된다고 반항하고 원망한 그들은 광야를 벗어나지 못하고 멸망하였다. 광야를 벗어나려면 불평을 멈추어야 한다. 죽으면 산다는 법을 배워야 한다.

바울 사도는 "생각하건대 현재의 고난은 장차 우리에게 나타날 영광과 비교할 수 없도다"(롬 8:18)라고 하였다. 주님께서는 "나의 원대로 마시옵고 아버지의 원대로 하옵소서"(마 26:39)라고 기도하심으로 하나님께 순종하셨다. 광야는 오직 주님으로만 만족함을 배우는 장소다. 현재 상황에서 하나님의 뜻을 발견하고 앞으로의 유익을 위한 과정임을 알고 감사해야 한다. 연단을 통해 더 나은 곳으로 나아가게 하시는 하나님의 선하신 계획이 있음을 알고 빨리 순응하고 감사하며 찬송해야 한다. 낮추시고 순종하게 하시는 시험에 합격해야 광야를 탈출할 수 있다.

높은 산에 오르려면 골짜기를 통과해야 한다. 걱정과 근심, 불만족과 불평이라는 골짜기를 지나야 한다. 원망은 낙심을 가져오고 낙심은 절망을 불러오고 절망은 죽음에 이르게 한다. 절망하면 모든 소망과 약속의 가나안 땅이 보이지 않는다. 약속이 무효한 것으로 여겨지는 것이다. 광야가 약속의 땅으로 가기 위한 과정임을 전체 그림 안에서 보지 못하고 현재 상황만 보면 불평하고 원망하다가 광야에서 죽게 될 것이다. 결국 불평과 원망이 죽음의 함정으로 몰아갈 것이다.

셋째, 그들은 약속의 땅의 미래도, 하나님도, 그분의 약속도 믿지 않았다. 믿음이 문제다. 믿음이 없으면 앞이 보이지 않고 캄캄

하고 절망적이 된다. 광야는 믿음을 연단하는 과정이다. 믿음은 소망을, 약속을, 미래를 바라보는 것이다. 믿음은 현실로 나타나지 않은 것을 영의 눈으로 바라보고 믿는 것이다. 그래서 믿음은 바라는 것들의 실상이요 보지 못하는 것들의 증거다(히 11:1). 이스라엘 백성은 믿음이 없어 가나안 땅에 대한 하나님의 약속을 믿지 못하고 두려워하였다. 주님은 요한복음 14장 1절에서 "너희는 마음에 근심하지 말라 하나님을 믿으니 또 나를 믿으라"고 하셨다. 근심은 불평을 낳고, 불평은 원망을 낳으며, 원망은 소망을 보지 못하게 한다.

이스라엘 백성은 가나안 땅을 정탐하고 둘이서 포도 한 송이를 짊어지고 온 것을 보았다. 젖과 꿀이 흐르는 약속의 땅임을 확인하였다. 그러나 하나님의 약속과 현실의 증거를 갖고 있으면서도 그들은 아낙 자손을 두려워하였고 믿지 못했다. 하나님의 약속을 믿느냐, 현실의 장벽에 절망하느냐의 갈림길에서 실패한 것이다. 이는 믿음과 신뢰의 문제다. 자기 뜻을 포기하고 하나님의 뜻에 순종해야 했다. 낮추는 겸손과 순종은 믿음에서 나온다. 광야의 모든 과정은 믿음 훈련 과정이다. 하나님과 하나님의 약속에 대한 믿음이 준비될 때 광야를 탈출할 수 있다. 그러나 이스라엘 백성은 믿음의 관문을 넘어서지 못했다. 아낙 자손을 이길 수 없다고, 가나안 땅에 들어갈 수 없다고 말한 대로 광야에서 죽고 말았다.

그러므로 광야를 탈출하려면 그들과 반대로 하면 된다. 첫째, 앞을 바라보아야 한다. 하나님을 절대 신뢰하고 그분의 약속을 바라보아야 한다. 둘째, 고난 중에 있어도 불평하지 않고 믿음의 과정으로 생각하고 견디며 순종해야 한다. 영원한 사랑과 고귀함을 상징하는 다이아몬드는 세공 과정이라는 험난한 여정을 극복해야 탄생할 수 있다. 하나님 백성의 성품으로 연단하는 것이다. 우리는 광야의 배고픔과 갈증과 고난 속에서는 열정적으로 기도한다. 그런데 감사와 찬미는 잘하지 못하는데, 이것이 광야를 탈출 못하는 문제가 된다. 하나님의 약속을 바라보며 현재의 고난을 견디고(견디는 것은 불평하지 않는 것이다), 기도하며 간구할 때 감사해야 한다.

> 아무 것도 염려하지 말고 오직 모든 일에 기도와 간구로, 너희 구할 것을 감사함으로 하나님께 아뢰라 그리하면 모든 지각에 뛰어난 하나님의 평강이 그리스도 예수 안에서 너희 마음과 생각을 지키시리라(빌 4:6-7).

광야에서는 미래를 바라보고 하나님께 신뢰를 고백해야 한다. 믿음과 신뢰로 감사하고 그 믿음을 선포할 때 확신에 이를 수 있다. 여호수아와 갈렙은 다른 정탐꾼들이 들어갈 수 없다고 부정적인 보고를 할 때, 믿음으로 하나님이 우리와 함께하시니 그들은 우리의 밥이라고 선포하였고 결국 그 땅에 들어갔다. 긍정적인 믿음의 선포가 가나안 땅에 들어간 백성의 특징이다.

광야를 탈출하려면 첫째, 뒤를 돌아보지 말고 미래를 보아야 한다. 소망을 가져야 한다. 둘째, 현재에 감사하고 신뢰하며 선포해야 한다. 셋째, 미래에 대한 소망의 확신을 가지고 행동으로 옮겨야 한다. 겸손과 순종으로 하나님의 명령을 지켜 행하고, 그분의 약속에 대한 믿음(감사)과 신뢰(선포)와 확신(행동)이 있어야 한다.

> 그 땅을 정탐한 자 중 눈의 아들 여호수아와 여분네의 아들 갈렙이 자기들의 옷을 찢고 이스라엘 자손의 온 회중에게 말하여 이르되 우리가 두루 다니며 정탐한 땅은 심히 아름다운 땅이라 여호와께서 우리를 기뻐하시면 우리를 그 땅으로 인도하여 들이시고 그 땅을 우리에게 주시리라 이는 과연 젖과 꿀이 흐르는 땅이니라 다만 여호와를 거역하지는 말라 또 그 땅 백성을 두려워하지 말라 그들은 우리의 먹이라 그들의 보호자는 그들에게서 떠났고 여호와는 우리와 함께 하시느니라 그들을 두려워하지 말라(민 14:6-9).

> 여호와의 언약궤를 멘 제사장들은 요단 가운데 마른 땅에 굳게 섰고 그 모든 백성이 요단을 건너기를 마칠 때까지 모든 이스라엘은 그 마른 땅으로 건너갔더라(수 3:17).

후회하지 마라

지금 있는 곳에서 하나님을 사랑하는 법을 배우면, 생애 최고의 기쁨이 마련되어 있다. 지난날을 후회해서는 안 된다. 이미 쟁기를 짊어졌다. 가지 않은 길에 대한 후회도, 미련도 하지 않아야 한다. 영국의 시인 로버트 프로스트(Robert Frost)는 그의 시, 〈가지 않은 길The Road not Take〉에서 "나는 사람들이 많이 가지 않은 길을 택했다. 그리고 그것이 모든 것을 변화시켰다"라고 하였다. 후회되는 과거나, 모든 것이 만족하지 못한 현재의 삶을 하나님을 사랑하는 기회로 바꾼다면, 생각하지도 못한 주님의 기쁨을 발견하게 될 것이다. 지금 이 자리에서 주님을 사랑해야 한다. 하나님의 방법은 우리의 방법과 다르다. 하나님께서는 그분에게 순복하고, 그분을 기뻐하는 자에게 능력을 나타낼 것이다. 즉 전화위복, 역전의 기회를 주실 것이다. 어려울 때 마음의 갈피를 잡지 못하고 외로움과 두려움을 느낄 수 있다. 그러나 이때가 경험하지 못한 주님의 기쁨을 맛볼 시간이다. 시험은 우리를 향한 일평생의 축복이 풀어지기 위한 시간이다. 고난의 때를 견디며 시험을 이기고 시련을 축복으로 바꾸는 비결은 하나님에 대한 믿음과 순종이다.

하나님은 그분의 축복을 나누어 줄 사람들이 고난의 기간에 그분을 철저히 믿고 순종하며, 자기 목숨보다 열렬히 사랑하는 자가 되게 하신다. 우리는 고난을 통과할 때, 하나님의 율례를 배워야 하고 계명에 순종하는 법을 배워야 한다.

고난 당한 것이 내게 유익이라 이로 말미암아 내가 주의 율례를 배우게 되었나이다(시 119:71).

그러므로 우리의 기도는 내 삶에 대한 주님의 계획을 알기 위한 것이 되어야 한다. 그럴 때 주님과의 사랑의 깊은 연합의 단계에까지 나아가 '내 삶 전부를 주님께'라고 고백할 수 있다. 하나님께서는 섬김이나 사역보다 우리의 사랑을 요구하신다. 최고의 계명은 우리가 그분을 사랑하는 것이다. 그분을 사랑하는 자가 그분의 계명을 지키기 때문이다.

> 너희가 나를 사랑하면 나의 계명을 지키리라(요 14:15).

천국 가는 길은 좁은 길이다. 주님과 동행하다가 길이 좁아지면 주님과 하나가 되면 된다. 그러면 어떤 계곡도 통과할 수 있다. 우리도 다윗처럼 "내가 사망의 음침한 골짜기를 다닐지라도 해를 두려워하지 않을 것은 주께서 나와 함께 하심이라"고 고백할 수 있다. 우리가 다윗처럼 외롭고 두려울 때도 하나님을 사랑하고 그분을 기뻐하는 법을 배운다면, 그가 누린 기쁨과 그가 누린 하나님의 모든 풍성한 축복을 누리게 될 것이다. 그리고 우리의 생애 마지막 고백도 "내 잔이 넘치나이다. 내 평생에 선하심과 인자하심이 반드시 나를 따르리니 내가 여호와의 집에 영원히 살리로다"(시 23편)가 될 것이다.

> 내게 줄로 재어 준 구역은 아름다운 곳에 있음이여 나의 기업이 실로 아름답도다(시 16:6).

> 주께서 생명의 길을 내게 보이시리니 주의 앞에는 기쁨이 충만하고 주의 오른쪽에는 영원한 즐거움이 있나이다(시 16:11).

> 주께서 나의 슬픔이 변하여 내게 춤이 되게 하시며 나의 베옷을 벗기고 기쁨으로 띠 띠우셨나이다 이는 잠잠하지 아니하고 내 영광으로 주를

찬송하게 하심이니 여호와 나의 하나님이여 내가 주께 영원히 감사하리이다(시 30:11-12).

후회하지 마라. 몸과 마음, 뼈까지 상할 뿐이다.

마음의 즐거움은 얼굴을 빛나게 하여도 마음의 근심은 심령을 상하게 하느니라(잠 15:13).

마음의 즐거움은 양약이라도 심령의 근심은 뼈를 마르게 하느니라 (잠 17:22).

한숨 쉬지 마라

기뻐하라. 하나님은 약속을 이루시는 분이다. 다른 이들은 한숨 쉬더라도 감사하고 찬미하고 기뻐하라. 잠언 29장 6절은 "의인은 노래하고 기뻐하느니라"고 하였다. 나는 하나님의 의인이기에 오늘도 하나님 앞에서 기뻐하기를 선택한다. 하나님의 백성은 기뻐해야 한다. 힘들어도 하나님께서 하실 일을 기뻐하자. 우리의 기쁨은 하나님 나라의 법칙과 다스림을 우리 마음 안에 성립시키는 것이다. 이것은 예언적 기쁨이다.

땅이여 두려워하지 말고 기뻐하며 즐거워할지어다 여호와께서 큰 일을 행하셨음이로다(욜 2:21).

시온의 자녀들아 너희는 너희 하나님 여호와로 인하여 기뻐하며 즐거워
할지어다 그가 너를 위하여 비를 내리시되 이른 비를 너희에게 적당하
게 주시리니 이른 비와 늦은 비가 예전과 같을 것이라(욜 2:23).

지금 우리는 예언적이고 사도적인 영역 안으로 들어가고 있다.
온 세대가 하나님이 우리의 하나님이며, 우리는 하나님으로부터
파송받았고, 하나님에 의해 예언적 돌파를 선포하도록 보냄을 받
았다는 사실을 알게 해야 한다. 기뻐하라! 하나님의 말씀은 절대
실패하지 않는다. 하나님의 말씀이 순식간에 상황을 바꿀 것이다.
하나님이 주시는 돌파는 순식간에 온다.

하나님은 일어나시니 원수들은 흩어지며 주를 미워하는 자들은 주 앞에
서 도망하리이다(시 68:1).

의인은 기뻐하여 하나님 앞에서 뛰놀며 기뻐하고 즐거워할지어다 하나
님께 노래하며 그의 이름을 찬양하라 하늘을 타고 광야에 행하시던 이
를 위하여 대로를 수축하라 그의 이름은 여호와이시니 그의 앞에서 뛰
놀지어다(시 68:3-4).

땅의 왕국들아 하나님께 노래하고 주께 찬송할지어다 (셀라) 옛적 하늘
들의 하늘을 타신 자에게 찬송하라 주께서 그 소리를 내시니 웅장한 소
리로다(시 68:32-33).

하나님은 구름과 하늘을 타고 오신다. 우리는 그분을 노래하고 그 앞에서 기뻐하고 뛰놀라는 명을 받았다. 우리가 하나님을 기뻐할 때, 그분의 목소리가 천둥 칠 때 우리의 대적이 쫓겨난다. 그분의 말씀은 허공을 치지 않는다. 그분이 하시겠다고 하신 것은 반드시 이루신다. 그분의 입에서 나온 모든 말씀은 허사로 돌아가지 않고 기뻐하시는 것을 이루실 것이다.

내 입에서 나가는 말도 이와 같이 헛되이 내게로 되돌아오지 아니하고 나의 기뻐하는 뜻을 이루며 내가 보낸 일에 형통함이니라(사 55:11).

그분의 음성은 돌파를 가져온다. 돌파가 이루어지면 회복이 온다. 모든 예언된 것, 약속으로 주어진 것, 하나님의 뜻 안에서 기도하고 선포한 것을 성취하실 것이다. 지난 세대에 선포된 것, 곧 유산도 다 찾을 것이다. 회복이 오면 원수가 빼앗아 간 것까지도 회복될 것이다.

내가 전에 너희에게 보낸 큰 군대 곧 메뚜기와 느치와 황충과 팥중이가 먹은 햇수대로 너희에게 갚아 주리니 너희는 먹되 풍족히 먹고 너희에게 놀라운 일을 행하신 너희 하나님 여호와의 이름을 찬송할 것이라 내 백성이 영원히 수치를 당하지 아니하리로다(욜 2:25-26).

그러므로 하나님 말씀과 그분의 약속을 믿자. 지금은 한숨 쉴 때가 아니다. 지금은 기뻐할 때다. 나에게 선포된 모든 하나님의 일이 이제 이루어질 것이다.

여호와께서 이스라엘 족속에게 말씀하신 선한 말씀이 하나도 남음이 없이 다 응하였더라(수 21:46).

힘들어서 의지하는 죄를 버려라

오래전 50대 초반의 목사님을 위해 기도할 때, 하나님께서 환상과 음성을 통해 현저하게 다르게 해야 한다는 것을 가르쳐 주셨다. 기도 중에 어두운 산기슭에서 늑대 한 마리가 목을 높이 쳐들고 울부짖는 모습을 보았고 'Lonely Ranger(외로운 보안관)'라는 음성을 들었다. 왕 같은 제사장, 택한 백성, 거룩한 나라로 부름받았어도 힘들 때 죄를 의지하는 습관을 버리지 않으면, 고통과 번민의 굴레에서 벗어날 수 없다는 것이다. 서부 영화를 보면 말을 타고 총을 잘 쏘는 보안관이 나온다. 어느 지역을 지키는 보안관이 아니라 법원의 체포 영장을 발부받아 현상범을 잡는 정의로운 보안관이다. 그는 정의롭지만 외롭다. 혼자 다니기 때문이다. 그 목사님께 "목사님은 하나님의 의와 그분의 뜻을 행하고자 하는 간절한 마음이 있지만, 아직 육체의 본성을 이기지 못해서 힘든 것 같다"고 말해 주었다. LA에서 교회를 개척했는데 부흥이 안 되어 문을 닫았고, 20년 동안 15번이나 교회를 개척했지만 문 닫기를 거듭하였다.

20년 전만 해도 LA 목회자 중에 풀타임 목회자의 3분의 1이 시간제 직업을 가졌고, 교회를 개척한 목회자가 3분의 1, 나머지

3분의 1은 목회지가 없었다. 목회하는 교회들도 대부분이 개척 교회나 미자립 교회였다. 그리고 사역하고 싶어도 불러주는 곳이 없는 목회자들이 수두룩하였다.

하나님의 부르심과 하나님 나라의 사명을 받았다면 훌륭히 쓰임받아야 하는데 왜 그러지 못한 걸까, 사역지가 없어서인가? 주님은 추수할 곳은 많은데 추수할 일꾼이 적다고 하셨다. 지금의 목사는 구약의 제사장이다. 제사장은 백성을 대신하여 하나님 앞에 나아가고 그들을 위해 제사를 거행하는 하나님과 백성의 중재자다. 지금은 우리 모두가 하나님 앞에서 제사장이다. 목사는 하나님을 섬기는 직분을 받았고 제사장의 언약을 지키며 백성의 모범을 보여야 할 책임이 있다. 레위기 11장 45절은 "내가 거룩하니 너희도 거룩할지어다"라고 하였다. 그리고 무엇보다 목사는 하나님의 종이다. 하나님이 가라 하면 가고, 오라 하면 오는 주님의 소유다.

그런데 왜 주님은 그분의 종들에게 말씀하지도 쓰지도 않으실까? 교회를 개척하면 주의 일이니 잘 돼야 하는데 왜 잘 안 되는 걸까? 아무리 발버둥치고 기도해도 가난하고 힘들까? 자격 미달이라서가 아니면 목회자의 수가 너무 많아서인가. 온 세상이 죄로 관영하고 세속화된 시대에 하나님이 쓰시기에 합당하도록 자신을 구별하고 정결한 자가 드물기 때문이다. 거룩하고 정결한 하나님은 거룩한 자들을 쓰신다.

하나님은 왜 늑대를 보여 주셨을까? 주님께 쓰임받기 위해서는 정결하고 거룩해야 한다는 것을 알고 있지만, 교회는 부흥이 안 되고 물질적으로 힘들고 과도한 스트레스를 받으니 거룩과는 반대로 해결하려 했기 때문이다. 세상 사람들이 일이 마음대로 되지 않으면 술이나 도박 같은 유흥으로 스트레스를 풀듯이, 목회자가 죄에 의지하여 힘듦을 모면하려는 것이다. 마음은 원이로되 육신이 약한 것을 마귀가 발목 잡아 조롱하고 영적 침체에 빠지게 하는 것이다. 영적으로 거룩하고 천사도 흠모할 만한 부르심을 받았지만, 육신의 소욕을 이기지 못해 힘들 때마다 거룩과 반대되는 것으로 채우려 하는 것이 인간의 나약함이다. 이에 바울 사도가 "내가 원하는 바 선은 하지 아니하고 도리어 원치 아니하는 바 악은 행하는도다"(롬 7:19), "오호라 나는 곤고한 사람이로다 이 사망의 몸에서 누가 나를 건져내랴"(24절)라고 절규하였다.

다른 방법은 없다. 광야를 벗어나기 위해서는 자아의 죽음이라는 요단강을 건너야 한다. 육체와 함께 정과 욕심을 십자가에 못박아야 한다. 매일 죄에 대하여는 죽고 의에 대하여는 살아나야 한다(벧전 2:24). 생명의 성령의 법이 죄와 사망의 법에서 나를 구원하도록 해야만 한다(롬 8:2). 내 몸을 하나님이 기뻐하시는 산 제사로 드려야 한다(롬 12:1). 하나님은 부르신 자를 쓰신다고 약속하셨다. 부르신 이를 통해 그분의 뜻을 이루실 것이다. 데살로니가전서 5장 24절은 말한다. "너희를 부르시는 이는 미쁘시니 그가 또한 이루시리라." 시간이 더 가기 전에, 나이가 더 들기 전에, 제대로 쓰임받지 못해 후회하기 전에 죄를 버려야 한다. 의를 행하기 원하면서도 육신이 약해 죄짓는 굴레를 속히 벗어나야 한다. 이제 주님께 자신을 맡겨야 한다. 그래야 의의 병기로 쓰임받게 될 것이다. 자신을 깨끗하게 하며 거룩함을 추구해야 쓰임받게 될 것이다.

그러므로 너희는 죄가 너희 죽을 몸을 지배하지 못하게 하여 몸의 사욕에 순종하지 말고 또한 너희 지체를 불의의 무기로 죄에게 내주지 말고 오직 너희 자신을 죽은 자 가운데서 다시 살아난 자 같이 하나님께 드리며 너희 지체를 의의 무기로 하나님께 드리라(롬 6:12-13).

큰 집에는 금 그릇과 은 그릇뿐 아니라 나무 그릇과 질그릇도 있어 귀하게 쓰는 것도 있고 천하게 쓰는 것도 있나니 그러므로 누구든지 이런 것에서 자기를 깨끗하게 하면 귀히 쓰는 그릇이 되어 거룩하고 주인의 쓰심에 합당하며 모든 선한 일에 준비함이 되리라(딤후 2:20-21).

마태복음 3장 11-12절에서 말하는 불세례를 받아 정결하게 되고 하나님의 영광이 그 무엇과 비교할 수 없는 그분의 아름다움이라는 것을 체험해야 힘들어 울부짖는 늑대의 울음에서 벗어날 수 있다. 힘들 때 의지하는 죄를 버려야 한다. 그럴 때 외로운 보안관이 아니라 의로운 보안관, 주님의 왕 같은 제사장으로 하나님의 뜻을 이루는 삶을 살아갈 수 있다. 하나님을 신뢰하고 그분의 신실하심을 변함없이 믿는데도 아무 일이 일어나지 않아 힘들 때는 이렇게 하라.

첫째, 변함없는 하나님의 성품을 생각하고 그 성품의 아름다움을 노래하라. 하나님은 선하시고 좋으신 분이다. '하나님은 선하시다'에서 선은 히브리어 '하토브'로 하나님의 완전하심을 의미한다. 그분 완전하시고 의로우시다. 그분에게서 선이 나온다. 홀로 완전하시고 의로우신 하나님은 좋으신 하나님이다.

여호와는 선하시니 그의 인자하심이 영원하고 그의 성실하심이 대대에 이르리로다(시 100:5).

너희가 악한 자라도 좋은 것으로 자식에게 줄 줄 알거든 하물며 하늘에 계신 너희 아버지께서 구하는 자에게 좋은 것으로 주시지 않겠느냐(마 7:11).

나의 평생에 선하심과 인자하심이 반드시 나를 따르리니 내가 여호와의 집에 영원히 살리로다(시 23:6).

그분은 인자하시다. 히브리어 '헤세드'는 인자함이라는 개념을 넘어서서 '이로운 행동, 친절, 도움' 등의 실제적 행동을 수반하는 의미까지 포함한다. '충실한 사랑'이라는 의미다. 그분의 인자하심은 그분의 변함없는 사랑을 말한다. 인자하시다는 말은 그분의 사랑은 영원하시다는 의미다. 나를 향한 하나님의 사랑은 상황과 관계없이 영원하다. 그래서 우리가 그분의 성품을 노래하는 것이다.

여호와께 감사하라 그는 선하시며 그 인자하심이 영원함이로다
신들 중에 뛰어난 하나님께 감사하라 그 인자하심이 영원함이로다
주들 중에 뛰어난 주께 감사하라 그 인자하심이 영원함이로다
하늘의 하나님께 감사하라 그 인자하심이 영원함이로다(시 136편).

그분은 성실하시다. 여호와(Jehovah)는 '야훼'라고도 하는데 이

는 '하나님은 성실하시다'라는 의미다. 성실하시다는 말은 진실하시다는 것이다. 진실은 이름과 실질, 겉과 속, 말과 행위가 같은 것이다. 하나님은 이름 그대로 참되신 하나님, 참되고 진실하신 하나님이시요, 거짓이 없으시다.

> 여호와여 주의 인자하심이 하늘에 있고 주의 진실하심이 공중에 사무쳤으며(시 36:5).

> 의와 공의가 주의 보좌의 기초라 인자함과 진실함이 주 앞에 있나이다(시 89:14).

> 아침마다 주의 인자하심을 알리며 밤마다 주의 성실하심을 베풂이 좋으니이다(시 92:2-3).

아무 일도 일어나지 않고, 하나님의 약속과 현실이 하늘과 땅처럼 먼 것처럼 여겨져도 우리는 하나님의 선하시고 인자하시고 성실하심을 노래해야 한다. 그래야 산다. 그러므로 지금이 "주의 인자는 끝이 없고 그의 자비는 무궁하며 아침마다 새롭고 늘 새로우니 주의 성실이 큼이라 성실하신 주님"을 노래해야 할 때다. 한두 번이 아니라 수십 번이라도 반복해야 한다. 그분의 선하시고 인자하시고 성실하심을 진정으로 알게 될 것이다. 그 앞에 눈물로 무너지게 될 것이다. 진실로 그분의 아름다운 성품을 알게 될 것이다. 지금 즉시 하라. 감사가 더 마르기 전에, 의심과 회의가 몰려오기 전에 하라. 그러면 하나님의 영광 곧 그분의 아름다움을 보게 될 것이다.

둘째, 하나님께서 지금까지 보호하시고 인도하시며 기도에 응답하시고 은혜를 베푸신 하나님의 역사를 기억하고 감사하며 그분을 기뻐하라. 신앙은 하나님의 구원하신 역사에 대한 감사로 출발하며 기쁨으로 나아가는 것이다. 그러므로 마음이 답답하고 환경이 짓누르는 것 같은 상황에서도 근원적인 구원에 대한 감사와 하나님의 능하신 역사하심을 기억하여 그분을 기뻐해야 한다.

여호와로 인하여 기뻐하는 것이 너희의 힘이니라(느 8:10).

여호와의 인자하심과 인생에게 행하신 기적으로 말미암아 그를 찬송할지로다(시 107:8).

여호와는 나의 힘이요 노래시며 나의 구원이시로다 그는 나의 하나님이시니 내가 그를 찬송할 것이요 내 아버지의 하나님이시니 내가 그를 높이리로다(출 15:2).

내게 주신 모든 은혜를 내가 여호와께 무엇으로 보답할까 내가 구원의 잔을 들고 여호와의 이름을 부르며 여호와의 모든 백성 앞에서 나는 나의 서원을 여호와께 갚으리로다(시 116:12-14).

비록 무화과나무가 무성하지 못하며 포도나무에 열매가 없으며 감람나무에 소출이 없으며 밭에 먹을 것이 없으며 우리에 양이 없으며 외양간에 소가 없을지라도 나는 여호와로 말미암아 즐거워하며 나의 구원의 하나님으로 말미암아 기뻐하리로다(합 3:17-18).

하나님을 여전히 신뢰하고 약속의 신실하심을 변함없이 믿는데도 아무 일이 일어나지 않아 힘들 때는 그분의 성품을 생각하며 그분을 노래하고, 과거와 현재와 앞으로 베푸실 은혜와 은총에 감사하라.

이와 같은 때엔 난 노래하네 사랑을 노래하네 주님께
이와 같은 때엔 손 높이 드네 손 높이 드네 주님께
주님 사랑해요 주님 사랑해요 사랑해요 주님 사랑해요.

그래도 힘들면 하나님의 선하심과 인자하심과 진실하심을 노래하라.

너희는 가만히 있어 내가 하나님 됨을 알지어다 내가 뭇 나라 중에서 높임을 받으리라(시 46:10).

하나님의 완전한 때를 기다리며 요동하지 않는 것은 내가 무엇을 하는 것보다 더 힘들다. 나의 삶에 하나님을 하나님 되게 하는 가장 큰 믿음이 요구되기 때문이다. 아무리 하나님의 섭리와 경륜을 인정하고 그 결과를 신뢰해도 힘든 것은 사실이다. 인내의 마지막은 분명히 좋은 것이다. 그러나 시대적인 약속은 시대적인 전환과 변화를 통과해야 온다. 바울 사도는 사도행전 14장 22절에서 "하나님의 나라에 들어가려면 많은 환난을 겪어야 할 것이라"고 하였다. 생명이 넓은 세상으로 나오려면, 좁고 작은 공간을 통과해야 한다. 하나님 나라에 들어가려면, 큰 부흥의 역사에 들어가려면 전환을 거치고 환난의 문을 통과해야 한다. 그래서 어떤 이는 "전환은 그래서 환난이 될 것이다"라고 하였다. 시대적 전환으로 들어가는 관문이 힘들기에 아주 소수만 그 문을 통과하는 것이다.

어떻게 안팎의 환난을 극복하고 전환의 단계에 들어갈 수 있을까? 우리 힘으로는 안 된다. 우리 믿음에는 한계가 있다. 나보다 믿음이 강했던 아내도 한때는(수년 전) 믿음이 바닥나듯 지친다고 말했다. 나 또한 '이제 도무지 어떻게 해야 할지 모르겠다. 의욕이 나지 않는다. 빠져나갈 구멍이 없다'고 생각하였다. 하나님의 지혜와 계시를 통해 모르는 것을 알게 되고, 그 계시의 말씀에 순종하여 터득한 믿음의 진리를 글로 옮기는 것이 나에게는 즐거움이다. 그러나 오늘만큼은 맥이 빠진다. 지난 월요일에 주어진 하나님의 음성 이후로 다른 음성이나 꿈이 없다. 그런데도 글을 써야 한다는 생각에 피곤해서 교회 의자에 드러누웠다. 잠을 잔 것은 아닌데 일어나니 30분이 지났다. 그때 시편 100편 5절이 떠올랐다. 몇 년간 내 입에 익은 신앙 고백이다.

"여호와는 선하시니 그의 인자하심이 영원하고 그의 성실하심이 대대에 이르리로다." 그렇다. 다른 방법은 없다. 힘이 빠질 때는 여호와의 선하심을 고백해야 한다. 그분의 인자하심을 노래해야 한다. 그분의 성실하심을 외쳐야 한다. 어차피 하나님의 크신 약속을 기다리는 인내의 끝에서 처음으로 돌아가고 싶지는 않기 때문이다.

그분은 영원히 선하신 하나님이다. 좋으신 하나님이다. 그분은 영원히 인자하신 하나님이다. 사랑의 하나님이다. 그분은 영원히 성실하신 하나님이다. 신실하신 하나님이다. 다윗은 극심한 환난과 죽음의 위협 앞에서도 하나님의 선하심과 인자하심을 찬양하였다.

> 여호와께 감사하라 그는 선하시며 그 인자하심이 영원함이로다(시 107:1).

> 우리에게 향하신 여호와의 인자하심이 크시고 여호와의 진실하심이 영원함이로다(시 117:2).

시편 118편 1, 2, 3, 4, 29절, 136편 1-26절에 동일하게 "여호와께 감사하라 그는 선하시며 그 인자하심이 영원함이로다"라고 외치고 있다. 어제까지 하나님을 열렬히 기다리다가도 오늘 힘이 빠지고 낙심할 수도 있다. 마음으로는 원이로되 육신이 약하기 때문이다(마 26:41).

그러나 하나님의 완전한 때를 기다리는 중에 그분의 시간을 조금이라도 앞당기는 것과 나의 승진을 위해 할 수 있는 일은 없을지라도, 낙심에 빠지지 않기 위해 할 수 있는 일은 분명히 있다. 바로 하나님의 선하심을 노래하고 외치는 것이다. 우리가 하나님께서 행하신 선하심에 집중할 때, 우리를 높은 곳에 올리며, 하나님께서 선하게 행하실 것을 믿는 토대 위에 올린다. 그분의 선하심을 선포하는 것이 궁극적으로 우리의 환경과 공기를 변화시킬 것이다. 우리가 처한 상황과 환경 속에서 그분의 선하심에 초점을 맞추면, 우리의 믿음을 더욱 견고하게 하고 하나님의 새로운 역사의 무대에 서게 하는 바탕이 되게 할 것이다. 어려운 환경이 우리에게 부정적인 생각을 가져다주고 포기하게 만들려고 하지만, 우리의 생각을 하나님의 선하심에 맞추고 매 순간 그분을 찬미해야 한다. 우리가 하나님을 위한 장소를 예비하면, 그분이 우리를 위한 장소를 예비하실 것이다. 그러나 고통을 거부하면 얻을 것을 거부하는 것이다. 환난과 고통을 견디고 통과할 수 있는 것은 하나님을 신뢰하고 그분의 선하심과 인자하심, 곧 실패하지 않는 사랑을 선포하는 것이다.

그러므로 하나님께서 지금까지 돌보시고 공급하시고 축복하신 사실을 생각하고 오늘도 감사하고 찬미하자. 지금 닥친 어려움도 하나님의 선하심이 다스릴 것이다. 하나님은 백번 생각해도 언제나 좋으시고, 영원토록 인자하시고 성실하시다. 그래서 나는 오늘도 외치고 노래한다.

여호와께 감사하라 그는 선하시며 그 인자하심이 영원함이로다(시 136:1).

왕 되신 주께 감사하세 그 사랑 영원하리라
모든 것 위에 뛰어나신 주 그 사랑 영원하리라
찬양 찬양
능력의 손과 펴신 팔로 그 사랑 영원하리라

거듭난 영혼들을 위하여 그 사랑 영원하리라
찬양 찬양 찬양 찬양
영원히 신실하신 능력의 하나님 영원히 함께하리
영원히 영원히 영원히
해 뜨는 데서 지는 데까지 그 사랑 영원하리라
주 은혜로 우리 걸어가리.

우리는 승리자다

성령께서 우리에게 용기를 갖고 전진하라고 명하신다. 거듭난 자들은 주님의 날에 궁극적으로 승리할 것이다. 우리는 지금도 승리할 수 있다. 그리스도 안에서 우리가 하나님의 자녀임을 결코 잊어서는 안 된다. 우리는 하나님과 그분의 나라를 취하기 위해 강하고 담대하라는 명령을 받았다.

강하고 담대하라 너는 내가 그들의 조상에게 맹세하여 그들에게 주리라 한 땅을 이 백성에게 차지하게 하리라(수 1:6).

주저 말고 일어나 하나님 나라의 능력 안에서 믿고 하나님의 약속을 붙잡아야 한다. 지금은 약하여 물러설 때가 아니고 담대하고 용감하게 나아갈 때다. 하나님께서 우리를 부르셨을 때는 우리의 힘으로 하라고 우리를 내버려두시지 않는다. 하나님께서 이스라엘 백성 앞에 계셔서 구름 기둥과 불기둥으로 인도하셨듯이, 우리에게 능력을 주시고 우리 앞에 가실 것이다.

> 여호와께서 그들 앞에서 가시며 낮에는 구름 기둥으로 그들의 길을 인
> 도하시고 밤에는 불 기둥을 그들에게 비추사 낮이나 밤이나 진행하게
> 하시니 낮에는 구름 기둥, 밤에는 불 기둥이 백성 앞에서 떠나지 아니하
> 니라(출 13:21-22).

용기를 갖자. 하나님께서 승리를 약속하셨다. 주님께서 우리를
꼬리가 아닌 머리로 부르셨다.

> 여호와께서 너를 머리가 되고 꼬리가 되지 않게 하시며 위에만 있고 아
> 래에 있지 않게 하시리니(신 28:13).

승리는 보장되었다. 그분의 힘이 세상의 힘보다 강하기 때문이다.

> 자녀들아 너희는 하나님께 속하였고 또 그들을 이기었나니 이는 너희
> 안에 계신 이가 세상에 있는 자보다 크심이라(요일 4:4).

우리는 마지막 추수 때를 살고 있다. 좋은 씨앗이든 나쁜 씨앗
이든 열매 맺을 것이다.

> 세례 요한의 때부터 지금까지 천국은 침노를 당하나니 침노하는 자는
> 빼앗느니라(마 11:12).

하나님께서 사탄의 일들에 강하게 대적하라고 우리를 부르신다. 우리는 승리를 위해 창조되었다. 지금이 우리 자신을 흔들고 미가서 3장 8절을 선포할 때다.

오직 나는 여호와의 영으로 말미암아 능력과 정의와 용기로 충만해져서 야곱의 허물과 이스라엘의 죄를 그들에게 보이리라.

마지막 때의 교회는 진실된 능력을 나타내야 한다.

내 말과 내 전도함이 설득력 있는 지혜의 말로 하지 아니하고 다만 성령의 나타나심과 능력으로 하여 너희 믿음이 사람의 지혜에 있지 아니하고 다만 하나님의 능력에 있게 하려 하였노라(고전 2:4-5).

지금은 하나님 영의 능력을 세상에 보여 줄 때다.

원하건대 주는 하늘을 가르고 강림하시고 주 앞에서 진동하기를 (사 64:1).

주께서 행하신 일을 주의 종들에게 나타내시며 주의 영광을 그들의 자손에게 나타내소서 주 우리 하나님의 은총을 우리에게 내리게 하사 우리의 손이 행한 일을 우리에게 견고하게 하소서 우리의 손이 행한 일을 견고하게 하소서(시 90:16-17).

교회는 하나님의 역사를 갈망해야 한다. 우리는 하나님의 역사가 우리 손을 통해 나타나도록 사모해야 한다. 사람의 계획이 아니라 하나님의 강력한 역사를 보기 원해야 한다. 진리의 영이 주님의 임재 안으로 들어오도록 초청하신다. 모든 믿는 자는 높이 올라갈 수 있다. "이리로 올라오라"(계 4:1)고 하셨다. 하늘의 열린 문으로 들어가 보다 더 명백히 보고 들어야 한다. 그럴 때 기름 부음 안으로 더 깊이 들어가도록 우리를 준비시키신다. 지금은 우리의 믿음 안에서 굳게 서고 그분의 말씀과 약속을 붙잡아야 한다. 지금은 그분의 말씀을 마음으로 믿고 행할 때다. 우리는 듣는 자만 아니라, 행하는 자가 되어야 한다.

보라 내가 속히 오리니 이 두루마리의 예언의 말씀을 지키는 자는 복이 있으리라 하더라(계 22:7).

하나님께서는 우리가 승리 안에서 걷기 원하신다.

너를 치려고 제조된 모든 연장이 쓸모가 없을 것이라(사 54:17).

지금의 교회는 역사상 가장 거대한 하나님의 움직임 앞에 서 있다. 우리는 급격한 변화를 기대해야 한다. 더는 후퇴하지 말고 하나님의 약속 안으로 들어가야 한다. 과거에는 혼돈되었어도 지금은 광야를 끝내고, 먼저 하나님 나라를 구하는 우리의 목적 안에서 걸어야 한다. 우리는 패배자가 아니라 승리자로 부름받았다.

이기는 자와 끝까지 내 일을 지키는 그에게 만국을 다스리는 권세를 주리니 그가 철장을 가지고 그들을 다스려 질그릇 깨뜨리는 것과 같이 하리라 나도 내 아버지께 받은 것이 그러하니라(계 2:26-27).

제3부

교회 회복을 위한 메시지

Make it
markedly
different

희한한 교회(1)

2008년 3월 어느 날이다.

"전 목사, 설교 테이프 보낼 때 할렐루야 소리는 빼고 보내."

"왜요?"

"그 교회 장로들이 할렐루야 소리를 싫어해서 그래."

"할렐루야는 하나님을 찬양하라는 뜻이잖아요. 그런데 왜 장로님들이 할렐루야를 싫어할까요?"

전화를 주신 목사님은 1천 6백 명 모이는 교회의 임시 목사로 주일 오전 예배, 새벽 기도회와 수요 기도회 등을 인도하고 있었고, 이 교회는 담임 목사 청빙을 준비 중이었다. "장로님들에게 이야기해 놓을 테니 박사 학위 받은 전 목사가 오면 좋겠다"고 하면서 "교회와 사택 건물 모두 빚을 갚았고 교인이 많이 나갔어도 장년만 1천 6백 명 모이는 보수적인 교회"라고 하면서 덧붙인 말이다. 미국에서도 말만 하면 다 아는 큰 교회였다.

하나님의 음성을 듣고 불세례와 하나님의 영광을 체험하고 큰 부흥의 약속을 보여 주심으로 새로운 길을 가고 새로운 일을 하게 될 나는 "저는 안 갑니다. 생각이 없습니다"라고 했는데도 다시 전화한 것이다. 이에 대해 가족들에게 얘기했더니, "아빠, 1년만이라도 그 교회 가면 안 돼요? 아빠와 그 교회는 안 맞지만, 한 번이라도 큰 교회 목사 딸이라는 말은 듣고 싶어요"라고 하는 것이다. 그런데 조금의 고민도 못하게 장로들이 할렐루야를 싫어한다는 것이다. 자초지종을 들어보니 그 교회를 개척한 목사님이 한국의 큰 교회로 임지를 옮긴 후, 청빙한 젊은 목사가 강단에서 '할렐루야!'를 많이 외쳤다는 것이다. 결국 청빙한 장로들과의 알력으로 그 목사님을 사임시켰고 청년들을 비롯해 7백여 명이 나가서 교회를 설립했다는 것이다. 자라 보고 놀란 가슴 솥뚜껑 보고 놀란다고 '할렐루야'를 자주 하는 목사를 싫어해서 '할렐루야'까지 싫어한다는 것이다.

한마디로 희한한 장로들이고 희한한 교회다. 자기들의 교회인 것이다. 교회가 무엇인지, 예배가 무엇인지, 성경이나 알고 장로가 되었는지 믿기가 힘들 정도다. 하나님을 찬양하지 않고 어떻게 예배를 드리고 하나님께 영광을 돌릴 수 있으며, '하나님을 찬양하라'를 빼고 아무리 설교를 잘하고 기도 많이 한들 그것이 교회겠는가? 이런 교회에 하나님의 영광이 임할 리 없다. 목사가 '할렐루야'를 하지 않고 어떻게 목회할 수 있을까. 새벽부터 온종일 "할렐루야! 주님을 찬양합니다"를 입에 달고 사는 나에게는 해프닝 같았다. 그 이후로 할렐루야를 외칠 때마다 2천 명이 교회로 들어오는 것 같은 기쁨을 누리고 있다. 요즈음은 참 희한한 교회들이 많다. 주님이 오셔서 등록하려고 해고 안 받아 줄 교회다. 참으로 본질은 간데없고 현상(허상)만 좇는 것이다.

희한한 교회(2)

찬양할 때 손뼉은 쳐도 되지만 손은 들면 안 되는 교회, 찬양할 때 절대 손은 안 드는 교회, 손은 들어도 되지만 손을 흔들면 눈치 주는 교회, 손은 흔들어도 되지만 몸을 흔들면 안 되는 교회, 앉아서만 찬양하는 교회, 손과 몸으로 찬양하면 자제시키는 교회, 할렐루야와 아멘을 자주 하면 은근히 무언의 압력을 주는 교회, 자주 다투는 교회, 기쁨이 없는 교회, 방언 말하기를 금하지 말라(고전 14:39)고 했는데 방언을 금하는 교회, "자녀들은 예언할 것이요"(욜 2:28)라는 성경 말씀이 있는데도 예언을 금하는 교회, "예언을 멸시하지 말고"(살전 5:20)라고 했는데 예언을 멸시하는 교회, 총동원 전도 주일에 믿지 않는 사람들 초청해 놓고 복음성가 가수가 교회 강단에서 유행가 부르는 교회, 하나님께 감사 예배드리면서 늦게 온 전직 대통령을 위해 모두 일어나서 박수치는 교회, 죽은 지 10년도 넘은 교회 설립 목사 부인을 위해 신문에 목사 추모 예배 광고 내는 교회.

이것이 요즘 교회의 현실이다. 이 모든 책임은 이렇게 만든 목사와 교회 지도자들에게 있다. 가슴 치고 통곡하며 회개할 일이다. 세상에서 불러내심을 받은 교회의 본질을 회복해야 할 때다.

난센스 신앙(1)

난센스(Nonsense)의 사전적 의미는 터무니없고 어리석은 말이나 생각을 일컫는다. 논리적으로 맞지 않는 말을 지칭하기도 한다. 한국 교회 안에는 난센스 신앙이 만연하다. 그래서 하나님 말씀인 성경과 순수한 신앙의 전통을 파괴하여 신본적 · 계시적 지식보다 인본적인 목사와 교단의 결정이 만연하다. 그동안 겪은 교회의 난센스를 나열해 보았다.

첫째, 적그리스도 세력들의 계략에 동참하면서 하나님을 섬긴다(?). 종교 통합인 WCC, WEA에 가입하고 가톨릭과 연합하면서 한 분이신 하나님을 예배한다(?). 1938년에 신사참배를 하면서 하나님을 예배하였다.

둘째, 코로나19 백신을 맞지 않으면 교회 본당에 들어가지 못하고, 총대라도 교단 총회 본 회의장에 못 들어간다.

셋째, 믿음을 대적하고 교회를 박해하는 세력에 굴복하여 앞장서서 교회 문을 닫고 예배드리지 못하게 하면서 예배 회복과 부흥을 외친다. (2년여 동안 만 교회가 문을 닫았다는 이야기가 있다.)

넷째, LA에서 백신 패스를 실시하는 곳은 식당과 미용실, 체육관 등이다. 일반 서점에서는 요구하지 않는 백신 패스를 기독교 서점에서 요구하였다. 어떤 상점에서도 하지 않는 일을 교회가 운영하는 기독교 서점에서 요구하는 것이다.

근신하라 깨어라 너희 대적 마귀가 우는 사자 같이 두루 다니며 삼킬 자를 찾나니 너희는 믿음을 굳건하게 하여 그를 대적하라 이는 세상에 있는 너희 형제들도 동일한 고난을 당하는 줄을 앎이라(벧전 5:8-9).

'삼킨다'의 원어의 뜻은 '죽인다, 물에 빠뜨린다'라는 것이다. 교회가 교인들을 죽이고 물에 빠뜨리고 대적에게 내어주는 일을 하고 있다. 난센스를 넘어 그리스도를 대적하는 일을 하는 것이다.

다섯째, 아직 적그리스도가 나타나지 않았고 짐승에게 절하라고 강요하며 목을 베지 않는데도 자진해서 주사를 맞으면서 적그리스도가 통치하는 7년 대환난을 통과한다고 한다.

여섯째, 환난 통과를 믿고 그 환난을 이겨내기 위해 수천의 젊은이가 일도 안하고 기도만 하고 있다. 아이합의 수장인 마이크 비클은 교황을 알현한 후에 "그 앞에서 나는 애송이처럼 여겨졌다"고 하였다.

일곱째, 적그리스도의 세력이요 모든 종교와 연합하는 가톨릭의 신부들, 수녀들과 집회하고 기독교와 가톨릭이 다를 바 없다고 한다.

이 모든 것이 신앙의 난센스다. 말도 안 되고 분별없는 짓이다. 미혹되었기 때문이다. 미혹되었기 때문에 자기가 미혹된 것을 모른다. 변함없는 말씀과 진리의 의미를 왜곡하고 교란하는 것이다. 혹시라도 내 안에도 이런 신앙의 난센스가 있는지 돌아보아야 할 때다. 지금은 무엇보다 주님을 사랑하고 영분별이 필요한 마지막 미혹의 때다.

난센스 신앙(2)

신앙과 믿음은 절대적으로 진리여야 한다. 그런데 한국 교회 안에는 난센스 신앙이 난무한다.

첫째, 기독교는 유일신관의 종교다. 얼마 전에 소천한 어느 유명 목사는 기독교는 기독교대로, 불교는 불교대로 구원의 길이 있다고 했다. 자기 동생은 붓다를 믿어 구원에 이르고, 자기는 예수 그리스도 믿어 구원을 얻는다고 하였다.

요한복음 14장 6절은 말한다. "내가 곧 길이요 진리요 생명이니 나로 말미암지 않고는 아버지께로 올 자가 없느니라." 사도행전 4장 12절이다. "다른 이로써는 구원을 받을 수 없나니 천하 사람 중에 구원을 받을 만한 다른 이름을 우리에게 주신 일이 없음이니라 하였더라."

둘째, 예수님이 성전 앞에서 소와 양과 비둘기를 팔고 돈 바꾸는 자의 상을 엎으시며 내 아버지의 집을 장사하는 집으로 만들지 말라 하신 성전 청결(요 2:13-17) 사건을 설교하면서, 왜 집사, 권사, 장로 임직에 수백만 원, 수천만 원씩 요구하는가? 그런 돈을 내고 직분을 받는 자들은 무엇인가? 사회에서 직급을 돈으로 사면 뇌물이다. 하나님을 빙자하여 헌금이라고 하면 다 통하는가?

셋째, 새신자에게 창립 목사의 성장 배경과 교회 성공 스토리를 보여 주고 창립 목사의 등신상에서 사진 찍는 행사는 우상숭배와 같은 것이다. 진리를 파괴하고 예배와 경배의 대상에 대한 의미를 교란하는 행위다.

넷째, 하나님 앞에서 기름 부음 받은 목회자이면 다른 종교인들보다 더 정결하고 거룩해야 한다. 그런데 왜 기독교 내에 성범죄가 가장 많은 것인가.

다섯째, 살아 계신 하나님을 믿고, 생명과 진리인 하나님 말씀을 듣고 수십 년 동안 신앙생활을 한 교인들이 왜 세상 사람들과 똑같이 근심하고 걱정하고 평안과 감사와 기쁨이 없고 우울증과 불면증을 호소하고 이혼율이 높은 것인가.

여섯째, 주일 예배도 잘 안 나오는 사람들이 수능 특별새벽기도, 신년 특별새벽기도회에는 열심히 나온다. 이들에게 "복 주실 것이다. 응답하실 것이다"라고 설교하는 목사나, 어려운 형편의 이웃들에게 한 김치 나눔 행사에 참여했다고 "하늘에서 상급이 클 것이다"라고 설교하는 것은 거룩한 기독교를 미신 수준으로 낮추는 행위다. 그것을 그대로 믿고 기대하는 교인들도 난센스 신앙자다.

일곱째, 예전에는 강단을 제사장만 올라가는 거룩한 제단이라고 구분 지어 아무나 오르지 못하게 하였다. 그러나 지금은 그 자리에서 가수들이 〈노란 손수건〉 같은 대중가요를 부른다.

이처럼 한국 교회와 신자들의 난센스 신앙은 상상할 수 없을 만큼 많다. 우리가 깊이 생각하지 않고 성경을 기준 삼아 행하지 않기 때문에 벌어지는 것이다. 대부분의 한국 교회가 종교 혼합의 영에 미혹되어 있다. 이제라도 돌이켜 순수한 신앙의 전통과 복음의 진리로 돌아가야 한다.

그러나 너를 책망할 것이 있나니 너의 처음 사랑을 버렸느니라 그러므로 어디서 떨어졌는지를 생각하고 회개하여 처음 행위를 가지라 만일 그리하지 아니하고 회개하지 아니하면 내가 네게 가서 네 촛대를 그 자리에서 옮기리라(계 2:4-5).

너희는 처음부터 들은 것을 너희 안에 거하게 하라 처음부터 들은 것이 너희 안에 거하면 너희가 아들과 아버지 안에 거하리라 그가 우리에게 약속하신 것은 이것이니 곧 영원한 생명이니라(요일 2:24-25).

또 증거는 이것이니 하나님이 우리에게 영생을 주신 것과 이 생명이 그의 아들 안에 있는 그것이니라 아들이 있는 자에게는 생명이 있고 하나님의 아들이 없는 자에게는 생명이 없느니라(요일 5:11-12).

진리란 무엇인가?(1)

2017년 2월, 킹덤 빌더즈 토요 집회에 나오는 대만 교인에게 문자를 받았다. 2월 11일에 우리 교회가 있는 건물 4층 교회에 신디 제이콥스가 온다는 것이다. 예전에 다니던 교회가 이 건물 4층으로 이사를 왔고, 세계적으로 유명한 예언 사역자 신디 제이콥스 초청 집회이기 때문에 주차가 어려울 수 있다고 얘기해 주었다. 그가 유명한 예언 사역자라서 외국 사람들도, 한국 사람들도 많이 참석하겠지만, 나는 걱정이 되지 않았다. 단지 앞으로 이런 일이 종종 있으면 주차는 좀 힘들겠다는 생각만 하였다.

왜냐하면, 2016년 4월 9일 아주사 110주년 기도 집회에서 가톨릭 대표와 서로 용서하고 화해하고 연합한다는 배도의 키스 현장에서 그들을 축복한 사람 중 한 명이기 때문이다. 배도의 현장을 본 나는 '신사도는 신사도였다'는 칼럼 쓴 후 가톨릭과 연합하는 미국 지도자들과의 교류를 단절하였다. 그런데 그들 중 한 명인 신디 제이콥스를 초청하여 집회한다는 것이다.

주일 새벽에 주차장에서 만난 마이클 목사가 조금 걱정된다고 하였다. 그래서 "아무것도 아니다. 오래전에 웨이드 E. 테일러와 데이비드 윌커슨 목사가 예언한 일들이 일어나는 것뿐이다"라고 말했다. 마지막 때가 되면 왕의 아들 혼인 잔치에 초청받은 교단과 교회들, 심지어 기름 부으심 그룹도 참석을 거부한다고 하였다. 기름 부으심 그룹의 지도자들이 세상 명예와 권력을 좇고 그들의 사역에 도취되어 잘못되면 그들을 따르는 사람들도 하나님 아들의 혼인 잔치를 거부할 것이다. 주님께 청함받은 사람은 많지만 택함 입은 자는 적다(마 22:14).

신사도적 교회가 다가올 영광의 부흥을 위해 거룩한 영광의 영역에 들어가기 위해 모이는 킹덤 빌더즈 & 포런너 미니스트리 집회 장소 밑에 들어와 유명한 강사를 초청한 것이다. 내가 쓴 칼럼 '신사도는 신사도였다'를 읽은 어느 목사님은 "목사님이 맞다. 가톨릭과의 연합은 안 된다. 이제 목사님의 교회와 연합해야겠다"고 전화까지 하였다.

웨이드 E. 테일러 목사와 데이비드 윌커슨 목사가 40년 전에 예언한 일들이 눈앞에서 벌어지고 있다. 이제 모든 종교를 하나로 하는 가톨릭의 궤계에 기독교 지도자들뿐 아니라, 성령 사역을 주도한 기름 부으심 그룹의 지도자들도 사랑과 연합이라는 명목으로 합류하고 있다. 이것이 잘못되었다는 것을 알면서도 그러한 모임에 합류하면, 같은 죄를 범하는 것임을 간과해서는 안 된다.

주인의 뜻을 알고도 준비하지 아니하고 그 뜻대로 행하지 아니한 종은 많이 맞을 것이요 알지 못하고 맞을 일을 행한 종은 적게 맞으리라 (눅 12:47-48).

길이 아니면 가면 안 된다. 길이요 진리요 생명이신 주님은 자기를 통하지 않고는 아무도 아버지께로 올 자가 없다고 하셨다(요 14:6). 마태복음 27장에 보면, 예수님이 빌라도 법정에 섰을 때 세 부류의 사람이 있었다. 첫 번째는 진리를 대적한 무리다. 예수님을 은 삼십에 대제사장들에게 넘겨준 예수님의 제자 중 한 사람인 가룟 유다와 예수님을 죽이기로 작정한 대제사장의 무리다(1-3절). 그들은 하나님의 아들이며 메시아인 예수님을 알지 못하고 진리를 대적해 십자가에 못박았다. 두 번째는 진리를 모르는 자들이다. 바라바를 내어 주고 예수님을 십자가에 못박으라고 외친 군중은 대부분이 진리가 무엇인지 모르고 떡을 먹고 기적의 현장을 따라다니던 사람들이다. 그리고 예수님의 열 제자마저 예수님을 버리고 그들 속에 숨어 버렸다. 그들은 갈릴리에서부터 예수님을 따라다니며 병 고침과 오병이어의 기적을 맛보고 그분의 말씀을 들었으며, 조금 전까지 '호산나 다윗의 자손이여'를 외치며 예수님을 메시아로 알고 따르던 대중이었다. 빌라도의 법정에서 대제사장들의 선동에 의해 진리로 오신 예수를 십자가에 못박으라고 한 자들이다. 예수님께서 요한복음 18장 37절에 빌라도에게 "내가 왕이니라 내가 이를 위하여 태어났으며 이를 위하여 세상에 왔나니 곧 진리에 대하여 증언하려 함이로라 무릇 진리에 속한 자는 내 음성을 들느니라"고 하셨다. 그때 빌라도가 예수님께 "진리가 무엇이냐?"(요 18:38)고 물었다. 빌라도는 로마 사람으로 진리를 모르는 사람이다. 그는 예수님에게서 아무 죄도 찾지 못하였다(마 18:38, 19:4). 그런데 그분을 메시아로 알고 따르던 무리가 예수님을 십자가에 내어 준 행위는 배도다. 세 번째로 진리를 증언한 사람들이다. 막달라 마리아와 예수님의 어머니 마리아, 그분의 이모와 세배대의 아들들(요한과 야고보)의 어머니 마리아와 여러 여인들, 그리고 예수님의 제자 중 유일하게 요한만 예수님이 십자가에 달리는 현장에 있었다. 그들은 생명의 위협을 무릅쓰고 진리이신 예수님을 끝까지 따랐다. 진리를 따르고 증언하는 사람들은 하나님을 사랑하고 그분의 계명을 지킨다.

> 내가 아버지의 계명을 지켜 그의 사랑 안에 거하는 것 같이 너희도 내 계명을 지키면 내 사랑 안에 거하리라(요 15:10).

이제 우리는 정말 진리를 몰라서 물은 빌라도처럼 다시 한번 진리가 무엇인지? 예수님이 누구인지? 내가 정말 진리를 알고 있으며 진리를 위해 목숨을 바칠 수 있는지에 대해 진지하게 생각해야 한다. 내 영혼의 구원에 대한 문제이기 때문이다. 예수님께서 마태복음 24장에서 주님의 재림을 앞두고 일어날 말세의 징조에 대해 제일 먼저 그리고 여러 번 말씀하신 것이 "사람의 미혹을 받지 않도록 조심하라"는 것이다. 그다음에 난리와 난리의 소문, 전쟁이 일어나고 처처에 기근과 지진 등 자연재해가 있고, 마지막으로 해와 달과 별들이 떨어지는 멸망이 올 것을 말씀하셨다(3–13절). 지금 우리는 믿음의 진리에 대한 미혹이 시작된 시대에 살고 있다.

> 예수께서 대답하여 이르시되 너희가 사람의 미혹을 받지 않도록 주의하라 많은 사람이 내 이름으로 와서 이르되 나는 그리스도라 하여 많은 사람을 미혹하리라(마 24:4-5).

> 거짓 선지자가 많이 일어나 많은 사람을 미혹하겠으며 불법이 성하므로 많은 사람의 사랑이 식어지리라(마 24:11-12).

진리를 좇는 자들은 점점 더 세상으로부터, 심지어 믿음을 가진 사람들과 친구들로부터 배척을 받고 미움을 받게 될 것이다. 세상에 속한 자가 아니고, 세상에서 주님의 택함을 받은 자들이고 진리를 따르는 자들이기 때문이다.

> 세상이 너희를 미워하면 너희보다 먼저 나를 미워한 줄을 알라 너희가 세상에 속하였으면 세상이 자기의 것을 사랑할 것이나 너희는 세상에 속한 자가 아니요 도리어 내가 너희를 세상에서 택하였기 때문에 세상이 너희를 미워하느니라 내가 너희에게 종이 주인보다 더 크지 못하다 한 말을 기억하라 사람들이 나를 박해하였은즉 너희도 박해할 것이요 내 말을 지켰은즉 너희 말도 지킬 것이라 그러나 사람들이 내 이름으로 말미암아 이 모든 일을 너희에게 하리니 이는 나를 보내신 이를 알지 못함이라 내가 와서 그들에게 말하지 아니하였더라면 죄가 없었으려니와

지금은 그 죄를 핑계할 수 없느니라(요 15:18-22).

진리란 무엇인가?(2)

일반적인 의미의 진리는 '참, 진실, 참된 이치, 참된 도리'이며, 진정한 진리는 '영원히 변함없는 바른 이치'다. 히브리어로 진리는 '에메트'다. '지원하다, 격려하다, 확립하다'라는 뜻의 '아만'과 '견실, 신의'라는 뜻의 '에무나'와 '진실로'라는 뜻의 '아멘'과 연관이 있다. 이 단어는 또한 하나님의 '진실한' 사랑을 나타내는 '인자, 은총, 은혜'라는 뜻과 조화롭게 사용된다. '에메트'는 견고하고 변하지 않는 실체를 가리키는 말로 올바르고 정확하며 참되고 영원한 목표를 향해 움직이고 있음을 나타낸다. 무엇이 진리인가?

첫째, 하나님이 진리이시다. '진리'가 하나님에 대해 사용될 때(신 32:4, 대하 15:3), 이는 그분의 본성 또는 의지, 성질, 즉 일관성 및 불변성을 나타낸다. 하나님의 진리는 하나님 의지의 참 본성이다.

주의 인자와 진리로 나를 항상 보호하소서(시 40:11).

둘째, 예수님이 진리이시다.

내가 곧 길이요 진리요 생명이니 나로 말미암지 않고는 아버지께로 올 자가 없느니라(요 14:6).

진리가 예수 안에 있는 것 같이 너희가 참으로 그에게서 듣고 또한 그 안에서 가르침을 받았을진대(엡 4:21).

셋째, 성령님이 진리이시다.

그러나 진리의 성령이 오시면 그가 너희를 모든 진리 가운데로 인도하시리니 그가 스스로 말하지 않고 오직 들을 것을 말하며 장래 일을 너희에게 알리시리라(요 16:13).

진리를 알지니 진리가 너희를 자유롭게 하리라(요 8:32).

넷째, 하나님 말씀이 진리다.

그들을 진리로 거룩하게 하옵소서 아버지의 말씀은 진리니이다(요 17:17).

주의 모든 계명들은 진리니이다(시 119:151).

주의 율법은 진리로소이다(시 119:142).

그 안에서 너희도 진리의 말씀 곧 너희의 구원의 복음을 듣고 그 안에서 또한 믿어 약속의 성령으로 인치심을 받았으니(엡 1:13).

진리가 아닌 것은 첫째, 말씀을 읽고 들으나 행하지 않으면 진리가 아니다.

이 예언의 말씀을 읽는 자와 듣는 자와 그 가운데에 기록한 것을 지키는 자가 복이 있나니 때가 가까움이라(계 1:3).

나의 이 말을 듣고 행하지 아니하는 자는 그 집을 모래 위에 지은 어리석은 사람 같으리니 비가 내리고 창수가 나고 바람이 불어 그 집에 부딪치매 무너져 그 무너짐이 심하니라(마 7:26-27).

백성이 모이는 것 같이 네게 나아오며 내 백성처럼 네 앞에 앉아서 네 말을 들으나 그대로 행하지 아니하니 이는 그 입으로는 사랑을 나타내어도 마음은 이익을 따름이라(겔 33:31).

둘째, 성령으로 하지 않는 것은 진리가 아니다.

성령으로 아니하고는 누구든지 예수를 주시라 할 수 없느니라(고전 12:3).

셋째, 진리를 알고도 말하지 않는 것은 진리가 아니다(WCC, 가톨릭).

넷째, 종교다원주의 WCC에 가입하고 적그리스도의 모체인 가톨릭과 일치하는 것은 진리가 아니다

다섯째, 죄를 죄라고 말하지 않는 것은 진리가 아니다(동성애, 낙태).

여섯째, 우상 정권에 동조하고 기독교를 핍박하는 정권을 지지하는 교회 지도자와 교회는 진리가 아니다.

진리는 예수님뿐이다

예수님이 진리이시다. 예수님을 팔고 십자가에 못박은 자들은 진리를 대적한 자들이요, 끝까지 진리를 따른 자들은 죽음의 위협을 무릅 쓰고 십자가 곁에 있었다. 반면 진리를 알고도 진리를 부인하고 외면한 자들은 예수님의 제자들이었다. 열두 제자 중 가룟 유다는 예수님을 배반하였고, 제자 요한만 십자가 곁에 있었다(요 19:26). 나머지 제자들은 예수를(진리를) 버리고 도망갔다(막 14:50). 한 청년은 몸에 베 홑이불을 두르고 예수를 따라가다가 무리에게 잡히자 베 홑이불을 버리고 벗은 몸으로 도망갔다(막 14:51-52). 수 제자 베드로조차도 예수님을 세 번이나 모른다고 부인하였다. 제자들은 주님을 삼 년 반 동안 따라다녔다. 성령이 오시기 전이기는 하지만 예수님이 진리인 것을 알았을 것이다. 그러나 그들은 진리를 부인하고 외면하였다. 예수님께서 그들을 부르실 때부터 자기를 부인하고 자기 십자가를 지고 따르라고 했는데 자기를 부인하지 못해 진리를 저버린 것이다. 진정으로 참된 진리를 발견한 자는 그 진리를 위해 목숨을 바칠 수 있다. 그 진리는 영원하고 생명이기 때문이다. 예수님이 구원의 유일한 길이요, 그분을 믿는 자는 영생을 얻게 된다는 진리를 믿는 자는 순교하는 자리에서도 진리를 부인하지 않을 것이다. 이는 진리이신 예수님을 자신의 생명보다 귀하게 여길 수 있기 때문이다.

자기 목숨을 얻는 자는 잃을 것이요 나를 위하여 자기 목숨을 잃는 자는 얻으리라(마 10:39).

나는 부활이요 생명이니 나를 믿는 자는 죽어도 살겠고 무릇 살아서 나를 믿는 자는 영원히 죽지 아니하리니 이것을 네가 믿느냐(요 11:25-26).

주님은 주님보다 부모나 자식을 더 사랑하는 자는 주님께 합당하지 않다고 하셨다.

아버지나 어머니를 나보다 더 사랑하는 자는 내게 합당하지 아니하고 아들이나 딸을 나보다 더 사랑하는 자도 내게 합당하지 아니하며 또 자기 십자가를 지고 나를 따르지 않는 자도 내게 합당하지 아니하니라(마 10:37-38).

주님께서 집에 계실 때, 어머니와 동생들이 찾아와 그분을 부르자 "누구든지 하나님의 뜻대로 하는 자가 내 형제요 자매요 어머니이니라"(막 3:35)고 하셨다. 주님보다 친구를 더 사랑하는 자는 진리에 속한 사람이 아니요, 주님의 친구가 아니다. 참된 친구는 친구를 위해 목숨을 바친다.

사람이 친구를 위하여 자기 목숨을 버리면 이보다 더 큰 사랑이 없나니 너희는 내가 명하는 대로 행하면 곧 나의 친구라(요 15:13-14).

마지막 때에 예수님의 제자들을 향한 기도처럼 "진리로 거룩하게 하옵소서"(요 17:17) 하고 자신을 위해 기도해야 한다. 교회 안의 많은 사람이 진리를 아는 것 같으나 그들의 삶에 거룩과 능력이 없는 것은 진리를 제대로 알지 못하기 때문이다. 주님께서 우리에게 거룩한 곳에 설 수 있도록 진리에 대한 열정을 주셔야 한다. 진리의 영이 우리 마음의 숨은 부분을 드러낼 때 진리로 인도될 수 있다. 진리는 그리스도 안에 계시된 하나님의 마음을 아는 것이다. 그리고 하나님의 빛 안에서 우리 자신의 마음을 아는 것이기도 하다. 그러하기에 진리는 양심을 어길 수 없다.

진정한 부르심은 십자가로의 부르심이다. 주님은 "너희가 구하는 것을 너희가 알지 못하는도다. 내가 마시려는 잔을 너희가 마실 수 있느냐"(마 20:22)고 물으셨다. 제자들은 마실 수 있다고 대답했지만 정작 예수님을 버리고 떠났다. 오늘 주님은 우리에게도 진정 자신이 마시는 잔을 마실 수 있느냐고 물으신다. 산을 오르면 오를수록 길이 좁아지듯이 주님을 따르는 길, 진리의 길은 협착하다. 결국 주님과 하나 되는 것이다. 그렇지 않으면 진리의 길, 생명의 길을 갈 수 없다. 비록 친구들이 다 떠나도 참된 친구는 진리이신 예수님밖에 없다. "진리가 무엇이냐?"는 물음은 오늘 우리 자신에게 해야 할 질문이다.

한국 교회 안의 우상숭배

오늘날 한국 교회 지도자들을 통해서 유대 왕국 멸망 당시에 있었던 우상숭배가 교회 안에서 행해지고 있다. 교회 회복은 예배의 회복이 우선이 되어야 한다. 우상숭배는 하나님이 가장 싫어하는 죄악이다. 우상을 섬기면 하나님은 그 성전에 계시지 않는다. 유대의 왕들과 종교 지도자들이 행한 우상숭배가 나라 전체에 영향을 미쳤고 결국 하나님의 심판을 초래하였다. 살육의 천사들이 성전 안의 나이 든 제사장들부터 죽이는 심판이 이루어졌다(겔 9장). 에스겔서 8장에 보면 하나님께서 바빌론으로 유배 간 에스겔 선지자에게 예루살렘 성전에서 벌어지는 우상숭배를 보여 주셨다.

1. 제단문 어귀 북편에 질투의 우상, 즉 질투를 유발하는 우상을 세웠다(3, 5절).

2. 뜰 문에 각양 곤충과 가증한 짐승과 이스라엘 족속의 모든 우상을 그 사면 벽에 그렸고 그 앞에 이스라엘 족속의 장로 70명이 서서 우상을 섬겼다(10절).

3. 여호와의 전으로 들어가는 북문에 여인들이 앉아 담무스(곡물의 신)를 위해 애곡했다.

4. 여호와의 전 문 앞 현관과 제단 사이에서 약 25명의 제사장이 여호와의 전을 등지고 낯을 동으로 향하여 동방 태양에게 경배하였다(16절).

5. 유다 왕 므낫세는 바알을 위하여 단을 쌓았고 아세라 목상을 만들고 하늘의 일월성신을 숭배하며 섬겼는데(대하 33:3), 그 우상

을 하나님의 성전 안에 세웠다.

여호와께서 전에 이르시기를 내가 내 이름을 예루살렘에 영원히 두리라 하신 여호와의 전에 제단들을 쌓고 또 여호와의 전 두 마당에 하늘의 일월성신을 위하여 제단들을 쌓고(대하 33:4-5).

이러한 행악함이 하나님 보시기에 하나님을 섬기지 않는 이방 백성보다 더 심하였다.

유다와 예루살렘 주민이 므낫세의 꾀임을 받고 악을 행한 것이 여호와께서 이스라엘 자손 앞에서 멸하신 모든 나라보다 더욱 심하였더라 (대하 33:9).

이러한 죄악으로 인해 하나님께서는 바빌론에 의해 유대를 망하게 하셔서 유대 백성은 성전을 잃었을 뿐 아니라 나라까지 잃어버렸다. 우상숭배는 하나님이 금하신 제1, 2계명을 어기는 것이다.

너는 나 외에는 다른 신들을 네게 두지 말라 너를 위하여 새긴 우상을 만들지 말고 또 위로 하늘에 있는 것이나 아래로 땅에 있는 것이나 땅 아래 물 속에 있는 것의 어떤 형상도 만들지 말며 그것들에게 절하지 말며 그것들을 섬기지 말라 나 네 하나님 여호와는 질투하는 하나님인즉 나를 미워하는 자의 죄를 갚되 아버지로부터 아들에게로 삼사 대까지 이르게 하거니와(출 20:3-5).

예배는 오직 창조자 하나님 한 분만을 섬기는 행위다. 그래서 "오직 하나님께 경배하라"(계 22:9)고 하셨으며, "하나님은 영이시니 예배하는 자가 오직 영과 진리로 예배할지니라"(요 4:24) 하셨다. 예배와 경배는 오직 하나님께만 해야 하고, 하나님과 예배자 사이에 그 무엇도 두면 안 된다. 그런데 유대 왕국이 나라를 잃었을 때, 예루살렘 성전에서 행해지던 가증한 우상숭배가 한국 교회 안에서도 공공연히 이루어지고 있다. 예배라는 용어를 개교회 행사나 연합 행사에 사용하고, 목회자 개인의 영예나 자랑을 위해 사용하는 일이 빈번하다. 하나님께만 드리는 온전한 예배는 찾아볼 수 없을 정도다.

언젠가 교계 신문에서 '성역 30주년 기념 예배와 설교집 발간 감사 예배'를 드린다는 어느 교회 광고를 보았다. 더구나 주일 3부 예배 때 이 행사를 한다고 하였다. 이것은 우상숭배. 첫째는 예배라는 용어를 개인 사역 30년을 기념하는 행사로 격하시킨 것이다. 30년 동안 주를 위한 성스러운 사역을 했는지는 몰라도 예배의 개념 자체를 모르고 사용한 것이다. 하나님 대신 자기가 그 자리에 앉아 예배받는 형태다. 그리고 그 자리에 참석한 목회자들과 교인들은 우상숭배에 참여한 격이 된다. 둘째는 주일은 안식일이요, 주님의 날로 하나님을 예배하는 날이다. 교인들이 제일 많이 모이는 3부 예배를 자기가 축하받는 날로 만들었으니 하나님의 이름을 망령되이 일컬을 뿐 아니라, 안식일을 도적질한 격이다. 과거에는 거룩한 주님의 날인 안식일에 교인들의 행사를 못하게 했다. 그런데 지금은 교회들이 앞장서서 교회 행사나 목회자 개인 행사를 주일 예배 시간에 하고 있다.

몇 년 전 미국의 어느 교회는 주일 예배 때 담임 목사 부부 결혼 30주년 기념 축하 행사를 하였고, 그 아들의 결혼식도 주일 오후에 했다. 많은 교인의 축하와 축의금을 의식한 것이다. 이런 교회에 하나님의 영광이 머물 리 없다고 생각했는데, 그 교회 목사가 교황을 만나고, "얼마나 영광스러운 일인가?"라고 자랑했다는 것이다. 이처럼 영이신 하나님만을 향한 예배를 잘못 드리면, 우상숭배의 죄를 범하게 되고 미혹되고 마는 것이다. 인간의 행사, 교회 행사, 나라 행사에 예배라는 용어를 쓰면서 다른 것을 끼워 넣으면 우상숭배다.

2016년 9월, 제4차 킹덤 빌더즈 집회 때, 옆 교회 게시판에서 교계 신문에 난 입당 예배 기사를 보았다. 은사자인 목사가 기도원과 부흥강사를 하다가 그 교회를 경매로 사서 입당한 것이었다. 신문 기사에는 사회를 보고 기도한 목사들의 이름이 나열되어 있었고, 설교는 어느 군소 신학대학 총장이 했고, 특송 후에는 담임 목사를 위한 축사와 축하 메시지가 이어졌으며, 모든 순서 후에는 설교한 총장의 축도로 예배를 마쳤다고 적혀 있었다.

이 기사를 보고 한국 교회의 미혹의 정도가 매우 심각한 수준임을 알았다. 성령받고 치유하며 부흥 사역을 한다는 은사자가 하나님을 예배한다면서 자기를 축하하는 순서를 넣은 것은 무엇이며, 사례비 받고 순서를 인도하는 목사들은 무슨 생각을 하는 것이며, 설교 후에 모든 축하 순서를 섞어서 축도한 신학교 총장은 무슨 생각인가? 이것은 하나님을 경외하지도 않는 것이며 하나님의 영광을 욕되게 하고 그분의 이름을 망령되이 일컫는 것이다.

첫째 계명인 "나 외에는 다른 신들을 네게 두지 말라"를 어기는 것은 둘째 계명과 셋째 계명까지 어기는 것이다. "우상을 만들지도 절하지도 섬기지도 말라"고 하셨다. "네 하나님 여호와의 이름을 망령되게 부르지 말라"고 하셨다. 하나님을 예배한다면서 하나님의 이름을 빙자하여 인간의 행사를 축하한 것은 여호와의 이름을 망령되게 일컫는 것이다.

예수님은 공생애를 시작하시기 전 40일 금식 후 마귀의 시험을 받으셨다. 첫 번째 시험은 돌로 떡을 만들어 먹으라는 것이었다. 이는 물질적 시험이다. 주일에 가게를 열거나 일하는 것에 대한 시험일 수 있다. 주님은 "사람이 떡으로만 살 것이 아니요 하나님의 입으로부터 나오는 모든 말씀으로 살 것이라"(마 4:4)고 말씀하심으로 마귀의 시험을 물리치셨다. 두 번째는 성전 꼭대기에서 뛰어내리라는 시험이었다. 천사가 받아 줌으로 하나님의 아들임을 보이라는 정신적 시험이다. 교회 안에서 자신을 나타내고자 하는 지위나 직분의 시험일 수 있다. 예수님은 "주 너의 하나님을 시험하지 말라 하였느니라"(마 4:7) 말씀하심으로 물리치셨다. 마지막은 높은 산으로 데리고 가서 천하만국과 그 영광을 보여 주며 "만약 내게 엎드려 경배하면 이 모든 것을 네게 주리라"(마 4:9)는 시험이었다. 예수께서 "사탄아 물러가라 기록되었으되 주 너의 하나님께 경배하고 다만 그를 섬기라 하였느니라"(마 4:10)고 말씀하심으로 마귀의 시험을 물리치셨다.

오늘날의 교회 지도자들이 마지막 경배의 시험에 넘어지는 것

같다. 마지막 때가 가까울수록 사람을 두려워하지 말고 하나님을 두려워해야 한다. 사람의 경전과 세상의 풍습을 좇지 말고 하나님을 경외하고 그분만을 섬겨야 한다. 영분별이 요구되는 작금의 미혹된 교회 풍토 속에서는 말이다.

> 너는 네 하나님 여호와의 이름을 망령되게 부르지 말라 여호와는 그의 이름을 망령되게 부르는 자를 죄 없다 하지 아니하리라(출 20:7).

> 나더러 주여 주여 하는 자마다 다 천국에 들어갈 것이 아니요 다만 하늘에 계신 내 아버지의 뜻대로 행하는 자라야 들어가리라 그 날에 많은 사람이 나더러 이르되 주여 주여 우리가 주의 이름으로 선지자 노릇 하며 주의 이름으로 귀신을 쫓아 내며 주의 이름으로 많은 권능을 행하지 아니하였나이까 하리니 그 때에 내가 그들에게 밝히 말하되 내가 너희를 도무지 알지 못하니 불법을 행하는 자들아 내게서 떠나가라 하리라(마 7:21-23).

예배의 왜곡과 우상숭배

한국 교회 본질 회복의 급선무는 예배의 회복이다. 요즘 기독교 언론은 예배와 교회에서 하는 행사를 구별하지 않고 혼용해서 사용하는 것 같다. 하나님이 대상인 예배에 다른 사람이나 행사를 끼워 넣거나 함께하면, 그것은 더는 예배가 아니고 우상숭배다. 예배의 대상은 사람이 아니라 홀로 영광받으실 하나님이다. 예배의 뜻은 '최상의 존재에게 존경, 경의, 찬양, 영광을 드리는 것'이다.

어느 신문 기사를 예를 들어 이 문제를 설명해 보겠다. 기사 제목이 "당신들은 한국 민주주의 지킨 영웅입니다"이다. 이 타이틀과 함께 미국에서 초청되어 온 한국전쟁 참전 용사들과 초청한 한국 대표들과 목사들이 나란히 서서 국기에 경례를 하는 사진이 있다. 기사 제목에서 알 수 있듯이 주인공은, 그 모임에서 축하받는 대상은 참전 용사임을 알 수 있다. 애국가를 부르고 국기에 경례를 하는 사진도 있다. 사진 설명에는 "경기도 용인시 수지구 ○○○교회에서 열린 66주년 한국전 미 참전 용사 초청 보은 예배에서 참석자들이 애국가를 부르고 있다"라고 적혀 있다. 예배라는 용어를 쓰지 말고 보은 행사라고 했으면 더 좋았을 것 같다. 굵은 글씨로 "○○○교회, 10년째 한국전 미 참전 용사 초청 행사"라고 분명히 밝히고 있다. 그리고 "60명 초청해 6·25 상기 예배 열고 23일까지 판문점, 현충원 등 방문"이라는 부연 설명을 하였다. 위에는 행사라고 하고 밑에는 예배라고 하였다. 그러니 행사를 예배라고 한 것이다. 교회에서 하는 행사가 다 예배는 아니다. 그리고 한국전쟁을 상기하는 것은 예배가 될 수 없다. 감사를 붙인다고 다 예배가 되지 않는다. 예배는 창조주 하나님께 하나님께로 돌아가는 구원받은 백성의 최상의 경배 행위다.

다른 사진에는 나이 든 미국 노인 부부가 부인은 가슴에 손을 얹고, 남편은 손수건으로 눈물을 닦고 있다. 또 다른 사진에는 한국전쟁에 희생된 젊은 한국 군인의 영정사진을 들고 있는 여학생이 있었다. 사진 설명에는 "경기도 용인 ○○○교회에서 열린 제

66주년 한국전 상기 미 참전 용사 초청 보은 예배에서 한 유족이 고인이 된 참전 용사를 떠올리며 눈물을 흘리고 있다"라고 적혀 있다. 나라를 위해 고귀한 희생을 한 분들과 그의 가족들에게 딴지 걸 생각은 없다. 그러나 예배라고 하면서 영정사진을 안고 고인을 생각하면, 그것은 우상숭배다. 그리고 "초청 보은 예배를 열고, 참전 용사들의 희생과 헌신에 감사를 표했다"라고 하였다. 분명히 보은 행사인데 보은 예배라고 하였다. 분명 설교도, 기도도, 찬송도, 성가대 찬양도 있었을 것이다. 그러나 이것은 예배의 대상이신 하나님께 신령과 진정으로 드리는 온전한 예배가 아니다. 사람들에게 감사하고, 그들에게 축하 메시지를 전하고 격려사와 축사를 전했기 때문이다. 하나님께 감사하기보다는 초청된 사람들에게 감사와 축하를 돌리는 행위는 우상숭배일 뿐이다.

거룩하신 하나님은 섞는 것을 싫어하신다. 그분은 어두움이 조금도 없으시고 회전하는 그림자도 없으시다(약 1:17). 사람이나 가정이나 교회 행사를 예배라고 하는 잘못된 종교 행위를 버려야 한다. 생각 없이 그러한 행사에 참석하는 것도 우상숭배에 동참하는 것이다. 추모식의 사전적 의미는 '죽은 사람을 기리는 식'이다. 절대 예배가 아니다. 예배의 본질 회복이 절실하다.

신령(영)과 진정(진리)으로 드리는 예배는 하나님의 영광에 압도될 때 체험된다. 그 영광의 무게에 엎드려 굴복(경배)하지 않을 수 없기 때문이다. 성경 지식이 없어서가 아니라 하나님을 경외함과 영적 분별력이 없어서 행사를 예배라고 하면서 십계명 중 1, 2계명을 밥 먹듯이 어기는 작태가 한국 교회 안에 만연하다. 한국 교회에 "하나님은 영이시니 예배하는 자가 영과 진리로 예배할지니라"(요 4:24)고 하신 주님의 말씀을 바로 깨닫는 예배 회복이 일어나기를 주님께 기도드린다.

하나님은 섞는 것을 싫어하신다

그분은 홀로 완전하시고 빛이시고 어둠이 조금도 없으시기 때문이다(요일 1:5). 우리는 "오직 흠 없고 점 없는 어린양 같은 그리스도의 보배로운 피"(벧전 1:19)로 구속되었다. 또한 그분의 거룩함으로 부르심을 받았고(벧전 1:16), 주의 재림을 기다리는 우리는 "주 앞에서 점도 없고 흠도 없이 평강 가운데 나타나기를 힘쓰라"(벧후 3:14)고 하였다. 나도 섞는 것을 싫어한다. 그래서 많은 사람이 좋아하는 비빔밥을 잘 먹지 않는다. 이것저것 다 섞기 때문이다. 지금의 한국 교회는 섞는 것을 좋아하는 것 같다. 하나님 말씀과 복음의 진리는 단순하고 타협이 없으며 변하지 않는다. 진리는 하나님의 본성이며 복음의 본질이다.

얼마 전 글을 쓰면서 들으려고 찬양을 찾던 중, 어느 집사의 찬양이라고 해서 열었는데 큰 교회 강단에서 〈나는 바보처럼 살았군요〉라는 대중가요를 부르는 것이다. 이렇듯 교회 강단을 유행가 부르는 가수에게 내어 주기도 한다. 모든 것을 섞어 하나님의 영광을 버러지 형상으로 바꾸어 놓고 있다.

하나님의 거룩한 성전이라 말하면서, 하나님 말씀이 선포되는 강단이라 하면서, 성가대가 하나님을 찬양한다면서, 수요 예배나

총동원 주일에 대중가요를 부르는 집사 가수들을 초청하고 교인들은 앙코르를 외쳐댄다. 정결한 주님의 신부가 되어야 할 교회가 "귀신의 처소와 각종 더러운 영이 모이는 곳"(계 18:2), 곧 '혼잡'이란 뜻을 가진 바빌론과 합치고 있다. 하나님을 전심으로 사랑하지 않기 때문이다. 신령과 진정으로 예배하지 않기 때문이다.

찬양은 하나님께 속했고 하나님의 이름, 성품, 역사를 노래하는 것을 모르기 때문이다. 경배는 의로운 사람들이 하는 것이다. 그래서 영광이 없다. 주님은 "경배를 올려 드리면 영광이 내려온다"고 하셨다. 아무리 시대가 변해도 시편 147편 1절은 "할렐루야 우리 하나님께 찬양하는 일이 선함이여 찬송하는 일이 아름답고 마땅하도다"라고 하였다. 세상 노래를 성결해야 할 강단에서 부를 수 있단 말인가? 회개를 통해 과거 순수했던 한국 교회에 있었던 그 영광을 다시 보기를 기도한다. 주님의 영광스러운 교회가 다시 오실 주님을 맞을 신부의 교회이다.

이 백성은 내가 나를 위하여 지었나니 나를 찬송하게 하려 함이니라 (사 43:21).

시와 찬송과 신령한 노래들로 서로 화답하며 너희의 마음으로 주께 노래하며 찬송하며(엡 5:19).

너는 네 하나님 여호와의 이름을 망령되게 부르지 말라(출 20:7).

자기 앞에 영광스러운 교회로 세우사 티나 주름 잡힌 것이나 이런 것들이 없이 거룩하고 흠이 없게 하려 하심이라(엡 5:27).

사람을 예배하는 교회

수년 전 매주 오는 교계 신문이 배달되지 않아서 기독교 서점에 갔다. 내가 구독하는 신문은 없었고 다른 신문이 있어서 가져왔는데, 한 면 전체에 난 특집 기사 제목이 어느 은퇴 목사님의 백수연(白壽宴) 감사 예배였다. 그 목사님의 사진과 100이라고 장식한 홀에 참석한 이들이 대부분 후배 목사, 장로, 권사, 그리고 나이 든 교인들과 가족이었다. 기사를 돋보이게 하려고 100명이 참석해서 100세 생신을 축하했다고 하였다. 분명히 100세 생신을 축하하기 위해 모인 자리이며, 기사에도 100세 생신 축하라고 하였다. 그러나 모임 이름이나 기사 제목에 하나님께만 해당하는 예배라는 말에 감사를 붙여 사람을 축하하는 것은 하나님 앞에서 옳지 않다. 이것은 어느 개인의 문제만 아니라, 한국 교회 전체의 문제이기도 하다. 우상숭배로 이스라엘이 망했듯이 이런 문제가 나라가 망할 수 있기 때문이다. 평생 주님을 섬기며 교회를 개척하고 장수하셨고, 그 연세에 책까지 발간한 것은 모두에게 존경받고 축하받기에 합당하다. 하지만 축하하고 축하받는 방법이 잘못되었다. 사람의 잔치를 목사라고, 특별히 백수연이라고, 교회에서 한다고 예배라고 할 수 없는 것이다. 감사를 붙인다고 다 예배가 되는 것은 아니다.

예배의 대상은 영이신 하나님이며, 예배하는 자는 영과 진리로 그분만을 예배해야 한다(요 4:24). "너는 나 외에는 다른 신들을 네게 두지 말라"(출 20:3)고 하셨다. 그러므로 하나님과 예배자 사이에 그 어떤 것도 끼어들 수 없다. 은퇴 목사의 백수연 잔치에 교인들이 교회에서 모일 수는 있다. 하지만 사람이 중심이 되면 예배가 아니다. 내가 33년 전에 목사 안수를 받을 때 예식서에는 목사 임직이나 직분자 임직에도 예배라고 하지 않았다. 임직식이라고 하고 1부 예배, 2부 임직식 순서로 구분하였다. 당연히 1부 예배에는 다른 순서가 들어가지 않았고 오직 하나님을 향한 예배였다. 2부는 임직식이기에 축사나 권면의 순서가 들어갔다.

오늘날의 한국 교회도 미국 교회도 변질되었다. 우상숭배가 만연한 한국 교회 안에서 제일 먼저 뿌리 뽑아야 할 문제다. 하나님 앞에 다른 것을 두지 말라는 것은 첫 계명이다. 그리고 "네 하나님 여호와의 이름을 망령되게 부르지 말라"(출 20:7)고 하셨다. 하나님께서 오래전에 들려주신 "나의 보좌와 너와의 사이에 아무것도 두지 말라"는 음성이 생각난다. 한국 교회 회복을 위해서는 예배의 회복이 가장 우선되어야 한다는 가르침이었다.

아버지께 참되게 예배하는 자들은 영과 진리로 예배할 때가 오나니 곧 이 때라 아버지께서는 자기에게 이렇게 예배하는 자들을 찾으시느니라 하나님은 영이시니 예배하는 자가 영과 진리로 예배할지니라 (요 4:23-24).

현대판 면죄부

이 글은 '가짜 집사, 가짜 권사, 가짜 목사'라는 제목으로 2016년에 쓴 글이다.

2017년 10월 31일 종교개혁 500주년을 앞두고 한국 교회가 개혁과 갱신을 이루어야 한다는 목소리가 높아지고 있다. 종교개혁은 마틴 루터가 로마 가톨릭에서 면죄부 발행을 남발하자, 이에 항의하여 1517년 10월 31일 비텐베르크 대학 성당 정문에 95개 반박문을 붙인 사건으로 시작되었다. 면죄부의 유래는 11세기 말 십자군 전쟁으로부터 시작되었는데, 돈을 내면 면죄되고 군대 징병도 면제된다고 한 것이다. 1510년 교황 율리오 2세가 '희년 면죄부'를 공포하면서 점점 도를 넘어가게 되었다. 그가 1503년 교황의 자리에 오르면서 가장 아름다운 대성당을 짓겠다고 공언한 성 베드로 성당의 공사 대금을 위해 모든 죄를 면죄해 줄뿐 아니라, 적당한 돈을 지불하면 면죄부의 혜택은 연옥에 있는 사람들의 영혼에까지 미친다고 하였다. 그가 죽은 후, 교황이 된 레오 10세는 면죄부를 파는 권한을 위임하였고, 판매 대금을 대성당 건축 기금으로 내게 하였다. 도미니크 수도사 요한 테첼은 면죄부의 효력을 과장하여 '하늘 문이 열리노라'는 제목으로 설교하며 면죄부를 팔았다. 면죄부를 정당화하는 설교문 중 일부분이다.
'이 면죄부가 사하지 못할 큰 죄는 없습니다. 그러나 이보다 더 놀라운 사실은 이 면죄부는 산 자의 죄뿐 아니라 죽은 자의 죄도 사할 수 있다는 것입니다. 제사장이여! 귀족이여! 상인이여! 아내여! 청년이여! 처녀여! 여러분은 여러분의 부모와 친구들이 지금 저 무저갱에서 애타게 울부짖고 있는 소리를 듣지 못합니까? '우리가 너희를 낳고 양육하고 재산까지 남겨 주었는데, 너희는 어찌 그리 잔인하고 인색해서 적은 돈을 내어 우리를 건져내지 않느냐?' 여러분은 지금 여러분의 부모를 구해 낼 수 있습니다. 여러분의 동전이 부모를 구해 낼 수 있습니다. 동전이 궤 속에 떨어지는 소리와 함께 그들의 영혼이 연옥에서 벗어납니다. 여러분은 저들의 영혼을 낙원으로 인도하기를 원하지 않습니까? 우리 하나님이신 주님께서는 더 이상 당신이 통치하지 않고 모든 권세를 교황에게 주셨습니다.'

종교개혁의 토대 위해 세워진 현대의 개혁 교회 안에서 현대판 면죄부 같은 돈에 관한 비성서적인 요소가 만연하다. 종교개혁 500주년을 기념하는 기독교 교회 안에 도리어 개혁해야 부분이 있다. 바로 직분을 돈으로 사는 것이다. 나라마다 시대마다 관직 매매는 부정부패를 불러왔고, 부정부패는 혁명이나 나라의 몰락으로 이어졌다. 한국 교회 안에 관행적으로 암묵적으로 행해지는 일 중 직분을 임명받을 때, 어느 정도의 헌금을 해야 한다는 것이다. 큰 교회일수록 이러한 관행은 전통처럼 지켜져 오고 있고, 작은 교회들은 직분 임명을 명분으로 부족한 재정을 채우기도 한다. 권사 직분받을 때 300만 원 정도 헌금하는 것은 공공연한 관례다. 일시불이 어려운 이에게는 100만 원씩 분납받는 교회도 있다.

몇 년 전에 한 집사님의 전화를 받았다. 함께 집회에 참석한 친구에게 '전 목사님 교회에 가면 권사 직분 줄 거라고' 했다는 것이다.

"권사가 되려면 교회를 나와야지 교회도 안 나오는데 어떻게 직분을 주나요? 어느 교단이나 최소한 3년은 교회에서 헌신하고 봉사한 후에 투표를 통해 선출되면 권사로 임명합니다. 그런데 왜 아직 권사 직분 못 받았어요?"

"그동안 이 교회 저 교회 옮겨 다녔고 정작 권사 직분 받고 싶어서 간 개척 교회는 문을 닫았습니다."

"왜 그 교회는 문을 닫았죠?"

"교회 개척할 때 어느 집사님이 권사 될 생각으로 건축 헌금을 좀 많이 했는데, 투표에 떨어져서 헌금을 돌려 달라고 했고, 목사님은 그 돈을 돌려줘야 해서 결국 교회 문을 닫았어요."

한 교회에 오래 몸담지 못하고 이 교회 저 교회 옮겨 다니다 자기 또래 다른 사람들은 직분을 받았는데, 나이 들어 집사로 불리는 것이 부끄러워서 대놓고 말하지는 못하고 대신 친구 이야기를 한 것이다.

수개월 후에 또 전화가 왔다. 출장 가는 남편 따라 일본에 다녀왔는데 일본에서 권사 직분을 받았다는 것이다. 가끔 기부하는 교회의 목사님이 일본에 온다는 소식을 듣고 기도했는데 하나님께서 "그동안 수고했으니 권사 직분을 받을지, 아니면 선교사 파송을 받을지 물어보라"고 하셨다는 것이다. 그래서 권사 직분을 받고 싶다고 했고, 권사 임명식을 했다는 것이다. 일본에 살지도 않고 그 교회 나가지도 않는 사람에게 어떻게 권사 임명을 할 수 있는지 도무지 이해되지 않았다. 직분을 돈으로 사려고 한 사람과 하나님의 이름으로 정당화하는 목사를 과연 하나님이 목사로 인정할까.

성직 매매는 권사나 장로에 국한되지 않는다. 목사도 예외는 아니다. 미국에서도 3천 불만 주면 신학교 근처에도 안 간 사람에게 하루 만에 목사 안수를 주기도 한다. 돈으로 직분을 구하고, 돈을 받고 주는 것은 거룩하신 하나님을 섬기는 직분을 세상 명예나 자신의 위신을 위한 방편으로 삼는 자들이 하는 행위다. 절대 믿음의 사람들이 할 행위가 아니다. 행위가 믿음과 그 사람의 됨됨이 보여주는 것이다. 나는 12년 동안 성경적인 기준으로 집사를 임명할 사람을 아직 만나지 못했다. 내가 가진 성경은 초대 예루살렘 교회 최초의 집사 기준을 "성령과 지혜가 충만하여 칭찬 받는 사람"(행 6:3), "믿음과 성령이 충만한 사람"(행 6:5)이라고 말한다. 바울 사도에 의해 이방에 세워진 교회의 집사 기준도 "정중하고 일구이언을 하지 아니하고 술에 인박히지 아니하고 더러운 이를 탐하지 아니하고 깨끗한 양심에 믿음의 비밀을 가진 자"(딤전 3:8-9)라고 하였다.

이제 불로 태워진 제물이 있는 성전에 임하는 영광이 온 세상을 덮을 마지막 부흥의 때가 왔다. 흑암이 점점 더 깊어지기에 여호와의 영광이 그분의 백성 위에 임하고 머물 때가 온 것이다(사 60:1-2). 스가랴 선지자가 마지막 때에 "모든 거룩한 자들이 주와 함께 하리라"(슥 14:5)고 예언한 그 천년왕국이 도래하는 때가 이른 것이다.

사람들은 하나님과 교제가 힘들다고 하지만, 나는 10년이 넘는 기다림 속에서 하나님 앞에 있는 것은 오히려 쉽고 자유롭다. 하지만 갈수록 사람들 앞에서 처신하기가 쉽지 않고 외롭기도 하다. 그런데 올해부터는 이렇게 말하는 이들이 간간이 있고, 찾아와서 격려하는 사람들이 생기기 시작하였다.

"목사님 힘내세요! 요즘 목사님 글 잘 보고 있어요. 나도 정결하게 하는 불세례를 받고 싶어요."

"불세례를 위해서 '나를 죽여주세요'라고 기도해요. 휘장 너머 영광의 지성소, 백 투 에덴의 영역으로 들어가기 원해요. 거룩함과 주의 얼굴과 영광을 사모해요. 이제 정말 주님만을 사랑하고 싶어요."

한국에서는 김영란법이 시행되어 좀 더 투명한 사회가 되기 위해 힘쓰고 있다. 그런데 교회에는 총회장이 되기 위해 10억을 쓰면 떨어지고, 20억을 쓰면 당선된다는 말이 유행처럼 돌고 있다. 돈을 사랑하는 것은 일만 악의 뿌리다(딤전 6:10). 그것은 예수님이 받으신 첫 시험에 불과하다. 예수님은 돌을 떡으로 만들어 먹으라는 시험을 말씀으로 이기셨고, 떡 다섯 덩어리와 물고기 두 마리로 5천 명을 먹이시는 기적을 행하셨다. 종교개혁 500주년 기념 준비를 하는 개혁 교회 안에 만연한 현대판 면죄부 판매에는 누가 반박문을 붙일 수 있을까. 나를 포함하여 그 누구도 물질에서 완전히 자유로울 수는 없다. 그렇다고 알면서 일부러 물들지는 않을 것이다. 개혁을 말할 때 고양이 목에 방울 달 쥐가 없는 것이 당면한 문제다.

또 내게 말하되 이 두루마리의 예언의 말씀을 인봉하지 말라 때가 가까우니라 불의를 행하는 자는 그대로 불의를 행하고 더러운 자는 그대로 더럽고 의로운 자는 그대로 의를 행하고 거룩한 자는 그대로 거룩하게 하라 보라 내가 속히 오리니 내가 줄 상이 내게 있어 각 사람에게 그가 행한 대로 갚아 주리라(계 22:10-12).

헌금인가, 복채인가?

아모스서 9장 11절에 "그 날에 내가 다윗의 무너진 장막을 일으키고 그것들의 틈을 막으며 그 허물어진 것을 일으켜서 옛적과 같이 세우고"라고 하였다. 여기서 말하는 다윗의 장막은 성막으로 오늘날의 교회라고 할 수 있다. 교회 회복의 3요소가 이 구절에 나타난다.

첫째, '틈을 막으며(Repair)'는 수리한다는 뜻이다. 자동차 타이어가 펑크나면 때우거나 교체해야 하고, 지붕이나 수도가 고장 나면 수리해야 한다. 둘째, '그 허물어진 것을 일으켜서(Rebuild)'는 다시 세운다는 뜻이다. 이는 리모델링처럼 좀 많이 고치거나 새롭게 하는 것이다. 셋째, '옛적과 같이 세우고(Restore)'는 원 상태로 회복한다는 뜻이다. 이는 처음 것과 같이 완전히 다시 짓는다는 것이다. 한국 교회 회복에 필요한 요소 중 하나가 헌금이다.

2017년 통계에 의하면, 헌금 종류가 85개이고 지금은 100여개 정도다.

기독일보 (2017. 6. 14)
"한국 교회의 헌금은 몇 종류일까"

1. 출생 헌금, 2. 순산 헌금, 3. 돌 헌금, 4. 백일 헌금, 5. 헌아식

헌금, 6. 새차 구입 헌금, 7. 취업 헌금, 8. 좋은 일자리 헌금, 9. 아르바이트 헌금, 10. 개업보호 헌금, 11. 범사 헌금, 12. 좋은 여행 헌금, 13. 즐거운 여행 헌금, 14. 안전한 여행 헌금, 15. 출장 중 보호 헌금, 16. 여행 중 보호 헌금, 17. 사업 축복 헌금, 18. 축복 헌금, 19. 채우시는 축복 헌금, 20. 가족 방문 헌금, 21. 이주 헌금, 22. 한국 방문 헌금, 23. 면허 취득 헌금, 24. 사고 중 보호 헌금, 25. 새집 마련 헌금, 26. 이사 헌금, 27. 새로운 보금자리 헌금, 28. 화목한 가정 헌금, 29. 집매매 헌금, 30. 집수리 헌금, 31. 생일 헌금, 32. 환갑 헌금, 33. 결혼 헌금, 34. 결혼 기념 헌금, 35. 주님품에 보냄 헌금, 36. 장례 헌금, 37. 추모 예배 헌금, 38. 건강 헌금, 39. 가족 건강 헌금, 40. 수술 헌금, 41. 치유 헌금, 42. 치료 헌금, 43. 좋은 검사 결과 헌금, 44. 기도 응답 헌금, 45. 주님 영접 헌금, 46. 등록 헌금, 47. 침례 헌금, 48. 교회 인도 헌금, 49. 주님 동행 헌금, 50. 주님 인도 헌금, 51. 주님 사랑 헌금, 52. 주님 은혜 헌금, 53. 성령 충만 헌금, 54. 깨달음 헌금, 55. 유학 헌금, 56. 학업 헌금, 57. 시험 잘 치름 헌금, 58. 합격 헌금, 59. 입학 헌금, 60. 졸업 헌금, 61. 하나님의 도우심 헌금, 62. 환난 중 감사 헌금, 63. 평안 헌금, 64. 말씀 헌금, 65. 목사 차량 헌금, 66. 교회 차량 헌금, 67. 교회 건축 헌금 , 68. 교회 부지 구매 헌금, 69. 간증인 간증 감사 헌금, 70. 맥추절 헌금, 71. 추수감사절 헌금, 72. 강단 꽃꽂이 헌금, 73. 이삭줍기 헌금, 74. 쪽방 헌금, 75. 밑천 나누기 헌금, 76. 십일조, 77. 새성전 부지 헌금, 78. 외국 선교 헌금, 79. 일천번제 헌금, 80. 유산 헌금, 81. 비전 헌금, 82. 1퍼센트 나눔 헌금, 83. 150일 기도 헌금, 84. 교회 뜰 나무에 기도 제목 붙이고 하는 헌금, 85. 주일학교(교회학교) 헌금.

49번 주님 동행 헌금은 헌금하면 주님이 동행하신다는 것인지, 자기가 동행을 할 수 있도록 도와주신다는 것인지. 74번의 쪽방 헌금과 75번의 밑천 나누기 헌금은 무슨 헌금인지 모르겠다. 79번 일천번제 헌금은 성경을 잘못 이해한 헌금이다. 솔로몬이 기브온에서 드린 일천번제는 "A thousand burnt offerings on that altar"(왕상 3:4)이다. 산당(제단)이 커서 소나 양 같은 제물 일천 마리를 한꺼번에 번제로 드린 것을 일천 번에 나누어서 헌금하는 것은 미신적이고 난센스다. 그리고 성경에서 '천'은 꼭 천 마리를 의미하지는 않는다. '많은'이라는 의미도 있다. 솔로몬왕이 백성을 모아 놓고 많은 제물을 한꺼번에 올려 드리며 드린 제사라는 의미로도 읽을 수 있다. 한 마리의 양이나 소를 잡아서 번제로 드릴 때 아무리 빨라도 여러 시간이 걸린다. 천 번을 드렸다면 아마도 수개월, 일 년이 넘는 시간이 필요하기 때문이다. 80번 유산 헌금은 배 속의 아기를 잃은 슬픔을 위로하기보다, 헌금하면 다음 아기를 유산하지 않을 것이라는 암시인가? 84번 '교회 뜰 나무에 기도 제목 붙이고 하는 헌금'은 서낭당 나무에 천을 걸어 놓고 비는 것과 무엇이 다른가?

이러한 잡다한 헌금의 종류는 대나무 깃발이 서 있는 서낭당이나 무당이나 점집이나 절이나 아마존 원시 부족들이 주술사에게 갖다 바치는 돈의 종류보다 더 많을 것 같다. 한인 교회를 방문한 어느 미국 목사가 주보에 끼어 있는 헌금 봉투의 헌금 종류를 보고 깜짝 놀랐다고 한다. "와우! 악명 높은 미국 국세청 세금 고지서보다도 훨씬 많네요"(당당뉴스, 이계선, 2016. 2. 17).

설령 이런 종류의 헌금이 교인들에게서 자발적으로 나왔다고 해도, 세속적이고 미신적인 신앙에 머물게 한 교회 지도자들도 책임에서는 자유로울 수는 없다. 예수님이 교회라고 부를 수 없는 교회에 오시면, 성전 앞마당에서 매매하는 자들의 상을 엎으셨듯이 주님을 빙자한 구걸함 같은 헌금함을 뒤집어엎으실 것이다. 성경의 기준으로 헌금 종류는 1. 십일조, 2. 절기 헌금, 3. 감사 헌금, 4. 속죄 헌금, 5. 주일 헌금, 6. 건축 헌금이면 족하다. 선교 헌금은 교회 재정으로 하면 된다. 신약의 연보 개념은 가난한 이웃을 위해 흩어 구제하는 것이었다.

> 이스라엘 자손에게 명령하여 내게 예물을 가져오라 하고 기쁜 마음으로 내는 자가 내게 바치는 모든 것을 너희는 받을지니라(출 25:2).

> 각각 그 마음에 정한 대로 할 것이요 인색함으로나 억지로 하지 말지니 하나님은 즐겨내는 자를 사랑하시느니라(고후 9:7).

하나님 말씀과 사람들이 원하는 설교

오늘날 많은 교회와 목사들이 강단에서 하나님 말씀을 전하기보다 교인들이 원하는 설교를 한다. 설교는 가르치는 것도 위로와 격려, 감동을 주고 복을 말하는 것이 아니다. 설교는 케리그마 곧 선포다. 듣든지, 아니 듣든지, 좋아하든 싫어하든 하나님 말씀을 전하는 것이다. 예수님은 가르치시고 천국 복음을 전파하시고 모든 병과 모든 약한 것을 고치셨다(마 4:23). 예수님이 전하신 천국 복음은 회개와 천국이었다.

> 이 때부터 예수께서 비로소 전파하여 이르시되 회개하라 천국이 가까이 왔느니라(마 4:17).

근래 하나님에 대한 설교는 사랑의 하나님, 긍휼의 하나님, 우리를 있는 그대로 용납하시는 하나님, 우리와 함께하시는 하나님, 언제나 우리에게 복 주시는 하나님 등 듣기 좋고, 편안하고, 위로와 격려가 주를 이룬다. 반면에 공의의 하나님, 진노하시는 하나님, 거룩하신 하나님, 초월하여 존재하시는 하나님 등은 의도적으로 기피하는 것 같다. 하나님은 언제나 어떤 상황에서도 우리를 사랑하시고, 우리는 하나님의 사랑을 받기 위해 태어난 존재라는 사실을 강조한다.

이러한 경향은 성경을 호도하고 하나님에 대한 편향적인 이해와 믿음의 행함이나 정결함, 거룩함, 그리고 지옥과 심판에 대한 경각심을 망각하게 만드는 것이다. 구약의 선지자들은 하나님의 입에서 나오는 말씀을 그대로 전함으로 하나님의 통치를 백성이 받아들여야 함을 말하였다. 신약의 사도들도 가감 없이 하나님 나라의 진리를 하나님의 관점에서 전파하였다. 그런데 지금의 교회 강단에서는 하나님 말씀에 대한 선포보다는 사람의 말로 채워지고 사람들이 듣기 좋아하는 말이 선포되고 있다.

한국 교회의 다섯 가지 설교 유형은 다분히 성경적이 아니며, 하나님 말씀 선포의 맥락에서 벗어난다.

첫째, 시사적인 유형으로 정치 경제 등 사회적 현실에 관점을 두고 거기에 응답하는 형태.

둘째, 예화적인 유형으로 본문의 진리보다 예화를 통해 흥미를 유발하고 이해를 촉진하는 유형.

셋째, 하나의 주제를 두고 성경 구절과 철학 사상을 인용하여 해석하는 형식.

넷째, 은유적인 본문을 은유적으로 해석하여 드러난 진리보다 암시된 진리를 전달하는 유형.

다섯째, 그중에서도 강해 설교가 가장 본문에 근접한 설교이다.

(출처: 한국 교회 강단의 설교 유형 분석과 개선 방향 모색)

성경은 주님의 재림을 앞두고 점점 더 전쟁과 난리의 소문들과 처처에 지진과 기근과 전염병과 자연재해가 더 심해진다고 말한다. 코로나19가 진정되어도 이보다 더한 전염병과 전쟁과 환난이 올 것이다. 우리 믿음의 결국은 영혼 구원이다. 구원의 믿음을 위한 천국 복음이 전파되어야 한다. 천국과 지옥은 분명히 있고, 심판은 반드시 있다. 세상의 멸망은 정해져 있고, 주님은 곧 오신다. 준비된 자는 영생이고, 준비되지 않은 자는 영망이다. 한 번 구원이 영원한 구원이 아니다. 믿음으로 의롭게 되었다는 것은 칭의를 말함이지, 구원의 보장이 아니다. 믿음으로, 은혜로 말미암는 구원에 인간의 노력과 행함은 필요 없다는 말은 거짓말이다. 죄, 회개, 정결함, 거룩함, 천국과 지옥, 심판과 영원한 멸망, 주님의 재림에 대한 설교가 있어야 한다. 그리고 불로 정결해지고 다가오는 하나님의 영광에 대해 외쳐야 한다. 세상에 관심을 두고 사람의 귀를 즐겁게 하는 설교는 이제 멈추어야 한다. 자칫 변화 없는 삶을 정당화함으로 멸망으로 이끌 수 있기 때문이다. 하나님의 입에서 나오는 말씀, 기록된 성경의 진리를 가감 없이 전하는 설교, 회개와 삶의 변화를 촉구하고 영혼을 깨우는 설교가 선포되어야 한다. 모든 관점을 하나님 나라에 두어야 한다. 제사장의 사명은 양을 살찌우는 것이 아니라 죽이는 것이다.

> 하나님의 말씀은 살아 있고 활력이 있어 좌우에 날 선 어떤 검보다도 예리하여 혼과 영과 및 관절과 골수를 찔러 쪼개기까지 하며(히 4:12).

> 여호와의 말씀이니라 내 말이 불 같지 아니하냐 바위를 쳐서 부스러뜨리는 방망이 같지 아니하냐(렘 23:29).

> 회개하라 천국이 가까이 왔느니라(마 4:17).

영광의 영역으로의 초청

지금은 성소 시대, 기름 부으심의 영역을 넘어 지성소 시대, 영광의 영역으로 들어가는 때다. 애굽(육)에서 구출되어 광야(혼)를 통과하고 요단강(자아의 죽음, 불세례)을 건너 약속의 가나안 땅(영)으로 들어가야 한다. 하나님의 리콜 운동(하리운)은 하나님께서 직접 말씀하신 마지막 때의 운동이다. 성령이 교회들에 하시는 말씀을 듣고 그 말씀을 지켜 행하는 자가 되고, 불을 통과하여 영광의 영역에서 신부(이기는 자)의 군대로 나와 물이 바다를 덮음 같이 하나님의 영광을 인정하는 것이 세상에 가득하게 하는 불과 영광과 능력의 통로가 되게 하는 사명이다. 그동안 기름 부으심의 영역에서 한계를 경험하여 광야를 탈출하고, 자아의 죽음을 통과하여 약속의 땅, 자신의 궁극적인 사명을 발견하기 원하고 진정으로 주님을 찾는 자들을 주님께서 이모저모로 하리운으로 인도하시는 모습을 보고 있다.

때가 되어 2020년 11월 3주간의 한국 집회를 통해 60여 명이 정회원으로 가입하여 Sod(비밀) 성경 공부와 은사 훈련에 참여하고 있다. 영광의 영역으로의 초청에 응하고 있다. 기름 부으심의 단계 다음은 영광의 단계이지만, 영광의 다음 단계는 없다. 이 땅에서 영광으로 새 예루살렘의 영광에 이른다. 영광의 영역에서 자신의 궁극적인 삶의 목적과 주님이 주시는 궁극적인 사명을 받게 될 것이다. 즉 돌아갈 수 없다는 것이다. 그리고 하나님의 마지막 때 부흥의 역사 중심에 하나님의 영광이 눈에 보이게 나타난다. 그런데도 60여 명 중 3명은 입구에서 돌아가는 것을 보았다. 그들에게는 안타까운 일이다. 시대가 급한데 돌아다니다가 다시 돌아올 기회가 있을는지 의문이다. 왜 영광의 영역 초청을 거부할까?

첫째, 아직도 기름 부으심의 영역, 은사와 자신의 사역에 관심이 있고 배도한 그룹들과 그 지도자들과의 혼적 섞임의 관계를 끊지 못했기 때문이다. 기름 부으심의 영역에 섞인 기름 부으심, 친숙의 영, 조정의 영, 미혹과 배도의 영이 역사하는데도 자기가 좋아하는 사역자나 은사 그룹과의 관계를 끊지 못했기 때문이다. 그 실체를 보고 말해 주어도 돌아가는 것은 그들 속에 섞인 것들이 그것에 끌리기 때문이다. 남편이 있는 여자가 나쁜 남자라는 것을 알면서도 다른 남자에게 가는 것은 자기 안에 있는 음란의 영이 그쪽으로 이끌기 때문이다. 그 결국은 파멸인 것처럼 영적으로 돌이키지 않으면 종국에는 배도에 이르게 될 것이다. 육을 상징하는 애굽의 원어는 '하나님을 제한하다'이며, 바로는 '두 마음을 품었다'이다. 하나님을 제한하는 육과 두 마음을 품는 혼적 상태에서 벗어나지 못할 때 이런 함정에 빠지는 것이다.

둘째, 아직도 자아적인 노력의 끝에 도달하지 못했기 때문이다. 성막의 3단계에서 뜰(육)은 사람(레위인)이 사람에게 사역하는 장소이고, 성소(혼)는 사람(제사장)이 하나님께 사역하는 장소이며, 지성소(영)는 하나님이 사람에게(대제사장) 사역하는 장소다. 하리운이 추구하는 지성소, 영광의 영역은 불을 통과하는 자아 굴복과 자아 죽음을 통해 자신의 노력을 포기하고 자신을 하나님이 기뻐하시는 산 제물로 드리는 단계다. 제물은 죽었다. 그냥 제단에 올려진 것이다. 지성소, 영광의 영역은 기도도 멈추어진 곳이다. 하나님이 자신을 나타내시는 단계다. 하나님이 말씀하시는 단계다. 주님의 겟세마네 동산의 마지막 기도는 "내 원대로 마옵시고 아버지의 원대로 하옵소서"였다. 우리도 이 지성소, 영광의 영역에서 '주여, 말씀하옵소서. 주의 종이 듣겠나이다'라고 고백해야 한다. 이제는 내 뜻을 기도하기보다 하나님의 뜻을 들어야 할 마지막 환난의 때다. 그런데도 아직도 자신의 종교적 열심과 자신의 기도 제목 응답에 초점을 두기 때문이다. 아직도 자신의 종교적 열심의 충족을 위함이요, 자신의 야망으로 무엇을 이루겠다는 마음을 포기하지 못했기 때문이다.

셋째, 성령의 양날 선 검, 하나님 말씀의 참된 진리와 영광의 아름다움의 실체를 모르기 때문이다. 그렇게 사모해서 하리운 페이스북과 정회원 카톡방에 초청했는데 영광의 현현에 대한 간증을 보자마자, 이 그룹은 말씀은 없고 이적과 기사만을 좇는 것 같다며 나간 사람이 있다. 말씀의 본질과 영광의 실체를 알기도 전에 자신의 짧은 성경 지식과 신앙 체험의 범주 안에서 판단하여 참된 진리와 하나님의 영광을 거부하는 것이다.

예수께서 제자들 앞에서 이 책(성경)에 기록되지 아니한 다른 표적도 많이 행하셨으나 오직 이것을 기록함은 너희로 예수께서 하나님의 아들 그리스도이심을 믿게 하려 함이요 또 너희로 믿고 그 이름을 힘입어 생명을 얻게 하려 함이니라(요 20:30-31).

예수께서 행하신 일이 이 외에도 많으니 만일 낱낱이 기록된다면 이 세상이라도 이 기록된 책을 두기에 부족할 줄 아노라(요 21:25).

영광의 현현을 한 번도 보지 못했기에 아니라는 것은 자신의 짧은 주관적 판단이 옳다는 편견과 자기 속에 영의 일을 싫어하는 육적이고 혼적인 영역이 극복되지 못했기 때문이다. 이적과 기사만을 좇는 것은 잘못이지만, 참 진리의 말씀과 하나님의 영광이 있는 곳에는 이적과 기사가 나타나고, 하나님 영광의 현현이 따르는 것이다. 그 영광이 없으면 오히려 진리의 말씀이 아니다. 하나님 말씀은 진리의 말씀과 성령의 역사, 능력을 동반하는 양날 선 검이요, 영광의 나타남은 하나님의 영광이 그곳에 있다는 산 증거다.

사람마다 두려워하는데 사도들로 말미암아 기사와 표적이 많이 나타나니(행 2:43).

내 말과 내 전도함이 설득력 있는 지혜의 말로 하지 아니하고 다만 성령의 나타나심과 능력으로 하여 너희 믿음이 사람의 지혜에 있지 아니하고 다만 하나님의 능력에 있게 하려 하였노라(고전 2:4-5).

여호와의 영광이 나타나고 모든 육체가 그것을 함께 보리라 대저 여호와의 입이 말씀하셨느니라(사 40:5).

찬양과 경배

　그리스도의 신부 된 교회로 전환되어 가는 교회 회복 운동의 여정 가운데 하나님을 극진히 찬양하는 세대가 일어날 것이다. 하나님의 영광이 있는 지성소 안으로 들어가기 전에 놓여 있는 향단의 향이 극진한 찬양을 상징하는 것처럼, 주님이 오셔서 지상의 교회를 영원한 교회로 변형시키기 전에 극진한 찬양이 영광의 영역으로 들어가는 길을 준비하게 될 것이다. 극진한 찬양은 하나님 영광의 영역에 들어가는 통로이며, 영광의 영역 안의 모든 초자연적이고 창조적인 역사를 자연적인 상황 속에 풀어놓는 열쇠가 될 것이다. 그러므로 다가온 영광의 부흥을 위해 찬양과 경배의 본질에 대한 재해석과 바른 실행이 무엇보다 중요하다.

　며칠 전 한 젊은 목사가 교회 창립 기념일에 초대하면서 그날 행사에 대해 간단히 설명해 주었다. 식사하고 간단히 예배드린 후에 찬양팀 공연이 있다고 아무렇지 않게 말했다. 이렇듯 찬양과 경배에 대한 잘못된 인식이 심각하다. 찬양팀이 찬양하고 율동하는 것은 그 자체가 하나님을 예배하는 것이 되어야지, 예배 마치고 사람들에게 보여 주거나 공연하는 것이 아니다. 성경적인 찬양과 경배는 하나님께만 올려져야 한다. 그러지 않은 것은 기도나 간구송이요, 복음송이나 전도송이지 하나님을 높여 드리는 찬송이나 찬양이 아니다.

　찬양(Praise)은 하나님께서 어떤 일을 행하셨는지, 어떤 일을 하고 계시는지, 어떤 일을 행하실 것인지를 노래하는 것이고, 경배

(Worship)는 하나님이 누구인지를 선포하는 것이다. 앞으로 하나님께서 극진한 찬양과 경배를 통해 회복된 교회를 경험하지 못한 영광의 영역 높은 곳으로 데려가실 것이며, 지상의 교회는 점점 더 하늘의 찬양과 경배의 영역을 맛보게 될 것이다. 다윗은 시편 132편 7절에서 "우리가 그의 계신 곳으로 들어가서 그의 발등상 앞에서 엎드려 예배하리로다"라고 하였다. 다윗은 극진한 찬양을 통해 영으로 하나님의 발등상 앞에서 예배하는 영광의 경배를 체험하였다. 감사함으로 성소의 문으로 들어가며, 극진한 찬양만이 거룩한 영광의 임재 안으로 들어가게 한다. 찬양은 한 방향으로 '하나님의 이름, 하나님의 성품, 하나님의 역사'를 노래하는 것이다. 하나님을 노래하는 것이다. 기도는 기도이고, 찬양은 찬양이다. 경배는 '하나님이 이런 분이시다'라고 선포하는 것이다. 계시록 4장 8−11절, 5장 9−14절, 7장 10−12절에 나오는 새 노래는 보좌 주위의 네 생물과 24장로와 보좌 앞으로 들려 올라간 인 맞은 십사만 사천 명이 부르는 노래다. 영광과 존귀와 감사와 능력을 보좌에 계신 하나님께 올려 드리는 것이다. 회복된 교회는 점점 더 하나님 임재의 충만함 안에서 하나님을 찬양하고 경배함으로 도시와 열방에 하나님의 영광을 나타내게 될 것이다. 그러므로 극진한 찬양은 하나님께 올려 드리는 신부 된 교회의 노래다.

여호와는 위대하시니 지극히 찬양할 것이요(시 96:4).

찬양과 경배에 대한 바른 인식과 찬양과 경배를 드림으로 예배를 통해 하나님께 영광을 돌리고 그분을 영화롭게 하는 것이 가장 우선이며, 그렇게 할 때 그분의 생명과 영광으로 충만해지게 된다. "경배를 올려 드리면 영광이 내려온다"고 하셨다.

찬양은 하나님께 속했다.

찬양은 하나님을 노래하는 새 노래다.

찬양은 하나님이 주어가 되는 노래다.

찬양은 하나님의 이름, 성품, 역사를 노래하는 것이다.

경배는 하나님이 어떠한 분인가를 선포하는 것이다.

감사함으로 그 문에 들어가며 찬송함으로 그 궁정에 들어간다. 감사와 찬양과 극진한 찬양과 송축과 경배다. 점점 더 고조되고 높이 올라가고 결국 보좌 앞에 경배하게 되는 것이다. 이를 인식하고 주일 찬송과 경배는 오직 하나님만 경배해야 한다.

첫째, 주일 예배는 기도회나 집회가 아니다. 새벽 기도회, 주간 기도회, 집회 시간에는 회개송, 기도송, 간구송, 임재송, 믿음송, 고백송, 은혜송 등이 필요하고 그것을 통해 우리가 주님의 은혜와 도움을 받아야 믿음이 강화되고 우리 영이 새 힘을 얻게 된다. 주일 예배 찬양은 구원과 은혜받은 우리가 모여 하나님을 영화롭게 하고 그분에게 영광을 돌리는 것이다. 평소처럼 기도하고 간구하고 은혜를 받는 것이 아니라, 받은 은혜로 하나님을 찬양하고 최선을 다해 하나님을 기쁘시게 하는 것이다. 그리할 때 그분의 은혜와 영광이 내려와 우리의 마음도 기쁘고 우리 영이 새 힘을 얻게 된다.

둘째, 찬양은 가사가 중요하다. 하나님을 향한 우리 마음의 고백이고 그분의 은혜를 찬미하는 것이기에 주어가 하나님이어야 하고 대상이 하나님이어야 한다. 그러나 많은 교회들이, 예배 인도자들이 사람이 주어가 되고 중심이 되는 가사를 노래한다. 결국 하나님을 영화롭게 하는 찬양의 본질을 잃어버리고 기도하고 은혜를 구하는 단계에 머물게 되는 것이다. 그러므로 하나님을 노래하는 가사가 중요하다.

셋째, 주일 찬양과 경배는 찬양팀과 회중이 다 함께 하나님을 노래하는 것이다. 이를 위해 찬양팀은 찬양을 이끌지만, 중요한 것은 모두가 함께 하나님을 노래하는 것이다. 여러 교회에서 종종 회중은 찬양팀이 찬양하고 성가대가 노래하는 것을 듣기만 하고 적극적으로 참여하지 못하는 경우가 있다. 찬양은 노래 잘하는 성악가의 특송도 음악회나 콘서트도 아니다. 회중 전체가 주체가 되어 한마음으로 하나님을 노래하고 영광 돌릴 수 있어야 한다.

넷째, 찬양과 경배는 사람에게 하는 것이 아니라 하나님께 하는 것이므로 입으로, 몸으로, 온 마음과 영으로 최선을 다해 힘차게 노래해야 한다. 그럴 때 하나님이 그 찬양을 받으시고 기뻐하시며, 그분의 은혜와 영광으로 우리의 마음도 기쁘고 그분의 영으로 충만하게 되는 것이다. 하나님을 기뻐할 때 우리가 기쁘게 된다. 우리가 하나님께 영광을 올려 드릴 때, 그분의 영광이 우리에게 내려온다. 우리가 그분을 찬양하고 경배할 때, 우리 영이 소생하고 그로 인해 우리는 승리의 삶을 살아가게 된다.

제4부

다가온 대부흥과 대추수

Make it
markedly
different

마지막 전환의 때

많은 사람이 "시대적인 것이 무슨 의미가 있느냐? 지금 내가 힘들고 내 기도 제목이, 내 교회 부흥이 더 중요하지?"라고 말한다. 그러나 우리는 이미 계시록 시대에 접어들었고 마지막 시대의 징조를 현실로 체험하는 시점에 살고 있다. 마귀와 악한 세력들은 자기들의 때가 얼마 남지 않음을 알고 인류를 파멸로 이끌고, 적그리스도 짐승의 체제를 실현하기 위해, 통제를 위해 전 세계에 바이러스를 퍼뜨리고 백신 주입을 강제하고 있다. 뉴욕과 캘리포니아는 공무원들에게 의무적으로 백신을 맞아야 한다고 발표하였고, 의료계, 교육계 종사자들은 백신을 맞지 않으면 직장을 잃어야 할 처지에 놓여 있다. 대부분의 공·사립 대학교는 9월 개학 때 백신을 맞지 않으면 입학을 허락하지 않는다는 입장을 발표하였다.

유엔이 발표한 2030 의제는 '새로운 세계 질서'로 전 세계 단일국가, 단일 군대, 단일 종교, 현금 없는 사회, 인구 감축을 목표로 달려가고 있다. 그 통제의 실현으로 백신 접종을 강제하고 백신 여권을 실행하려는 것이다. 그러나 세상의 역사는 하나님이 주관하시고 하나님은 성경에 예언된 그분의 뜻을 반드시 실행하시는 것이다. 우리는 그 하나님의 뜻이 무엇인지를 알아야 하고, 그 뜻이 이루어지기 위해 기도하고 하나님의 마지막 역사와 운동에 참여해야 한다.

성경에 예언된 하나님의 마지막 계획에 대한 이해를 가질 뿐만 아니라, 성령이 교회들에게 주시는 음성을 듣고 하나님의 지혜와 계시의 정신을 받아 앞으로 나라와 민족에 전해야 할 사명이 있다. 이는 우리가 하나님의 때, 시대의 때에 대해 민감할 때 비로소 교회가 세상에 대한 예언적 사명을 감당할 수 있게 되는 것이다.

첫째, 지금은 하나님께서 준비시킨 사람들에게 새로운 역사를 위한 준비 기간의 완성이 이루어지는 때다. 특별히 남은 자들에게 그동안의 준비 역사가 충만함과 완성의 시기에 이르고 약속의 성취가 시작되는 때다. 지금까지 기도하고 바라던 것들이 나타나고 약속이 이루어지는 때다.

둘째, 영광의 영역으로 들어가는 때다. 이제부터 본격적으로 하나님의 백성에게 하나님의 아름다움인 영광이 임할 것이다. 또한 상황을 초월하는 기쁨과 영광의 충만함이 임할 것이다. 시편 16편 11절의 "주의 앞에는 충만한 기쁨이 있고 주의 오른쪽에는 영원한 즐거움이 있나이다" 하신 것처럼, 주님 앞에 있는 기쁨과 즐거움을 많은 사람이 발견하게 될 것이다. 사모하는 자에게 주님이 임하시며 위로부터 계시와 지혜가 부어질 것이다. 주님께 우리의 삶을 고정하고 하나님과의 비밀한 친교의 장소에 머물고 하나님 영광의 영역에서 능력으로 나오도록 더욱 거룩을 추구해야 한다.

셋째, 마태복음 3장 11절에 약속된 불세례를 통해 강력한 믿음과 열정의 젊은 사람들의 요엘의 군대, 주님의 군대가 일어날 것이며, 다가온 본격적인 대추수 사역을 위하여 추수꾼들을 준비하고 훈련해야 할 때다. 요엘서 2장 28절은 "그 후에 내가 내 영을 만민에게 부어 주리니 너희 자녀들이 장래 일을 말할 것이며 너희 늙은 이는 꿈을 꾸며 너희 젊은이는 이상을 볼 것이며"라고 했다. 우리의 자녀들과 청년들은 영광의 세대가 될 것이다.

넷째, 우리의 환경 가운데 새로운 하나님의 임재가 창조되기 위해 우리의 현실과 상황과 환경을 다스리고 정복해야 한다. 이제 하나님의 백성이 적을 정복하는 위대한 권세와 능력을 가질 것이다. 그러기 위해서는 육체적 욕심을 정복해야 하고 패배 의식에서 벗어나 승리의 자세로 전환해야 한다. 망설이지 말고 하나님의 영광을 사모하고 영으로 인도되고 생명의 성령의 법 안에서 살아가야 한다.

다섯째, 하나님의 마지막 때 계획을 위한 궁극적 사명 발견의 영적 돌파와 본격적인 기름 부으심과 영광의 부어짐이 있을 것이다. 그동안은 성소의 영역에서 성령의 은사와 능력을 받아 사역하였다. 지금은 하나님 나라 완성을 위한 열방 추수 운동을 위해 그분의 보좌로부터 계시와 전략을 받아 일하는 하나님 영광의 통로가 되어야 할 때다. 지성소 영역의 왕 같은 대제사장 사역이다.

여섯째, 주님의 재림을 맞는 신부의 군대로서 정결함과 의로움과 거룩함에 대해 설교하고 가르쳐야 한다. 마지막 때는 오직 거룩한 자들만이 주와 함께 설 것이라 하신 때가 이때다(슥 14:5). 의로움과 거룩함에 거함으로 하나님의 영광과 능력의 통로가 될 때, 하나님의 마지막 열방 추수에 쓰임받게 될 것이다.

일곱째, 남은 자들을 이기는 자의 군대로 준비시킬 하나님의 영적 장군들에게 성령의 능력과 하나님의 영광과 권능이 주어져 모든 것을 회복하고 이 세대의 마음을 하나님께로 돌릴 것이다. 그들은 엘리야의 영으로 올 자들이며, 그동안 숨겨져 훈련받던 자들이다. 이제 하나님의 마지막 운동을 위한 이기는 자의 군대를 이끌 영적 지도자로 세워질 것이다. 여호와의 영광이 온 세상을 덮을 하나님의 운동을 위해 그들에게 영분별과 사랑의 은사가 부어질 것이며, 섬세한 분별력과 성령의 지도력을 가진 계시적인 하나님의 지식을 소유한 영적인 지도자로 세우실 것이다.

여덟째, 영광이 온 세상을 덮는 영광의 부흥을 위해 초자연적인 영광의 재정이 부어질 것이다. 영광의 집, 영광의 문이 되는 자에게 흑암 중의 보화와 은밀한 곳에 숨은 재물(사 45:3), 그리고 바다의 풍부와 열방의 재물이 올 것이며(사 60:5), 하나님이 맡기시는 운동을 위한 모든 필요가 풍성하게 공급되는 요셉의 기름 부음, 재정의 축복이 주어질 것이다. 영광과 재정의 통로다.

아홉째, 많은 사람에게 영광이 임할 것이다. 의로운 자들은 하늘의 방문을 받고 하나님 영광의 영역을 체험할 것이다. 이사야의 예언대로 여호와의 영광이 모든 육체에 나타나기 위해 하나님의 얼굴을 사모하는 자들에게 먼저 하나님의 빛과 영광이 나타나고, 그들 위에 머물고 흑암이 가득한 세상에 빛과 하나님의 영광을 전하는 영광의 세대가 되게 하실 것이다. 하나님의 불과 영광과 능력이 임하는 것이다.

일어나라 빛을 발하라 이는 네 빛이 이르렀고 여호와의 영광이 네 위에 임하였음이니라(사 60:1).

이는 물이 바다를 덮음 같이 여호와의 영광을 인정하는 것이 세상에 가득함이니라(합 2:14).

여호와의 영광이 나타나고 모든 육체가 그것을 함께 보리라(사 40:5).

네가 믿으면 하나님의 영광을 보리라(요 11:40).

충만으로는 안 된다

"내 잔이 넘치나이다!" 예언적 교회는 종말을 낙관적으로 보고 있다. 마지막 때의 대부흥과 대추수에 대한 믿음과 기대감 때문이다. 주님은 종말에 대한 예언을 하시면서 마태복음 24장 14절에 "이 천국 복음이 모든 민족에게 증언되기 위하여 온 세상에 전파되리니 그제야 끝이 오리라"고 하셨다. 이사야와 요엘과 하박국 선지자도 이에 대해 예언하고 있다.

내 거룩한 산 모든 곳에서 해 됨도 없고 상함도 없을 것이니 이는 물이 바다를 덮음같이 여호와를 아는 지식이 세상에 충만할 것임이니라(사 11:9).

그 후에 내가 내 영을 만민에게 부어 주리니 너희 자녀들이 장래 일을 말할 것이며 너희 늙은이는 꿈을 꾸며 너희 젊은이는 이상을 볼 것이며 그 때에 내가 또 내 영을 남종과 여종에게 부어 줄 것이며(욜 2:28-29).

대부흥과 대추수를 앞둔 지금은 추수꾼을 추수하는 때다.

이에 제자들에게 이르시되 추수할 것은 많되 일꾼이 적으니 그러므로 추수하는 주인에게 청하여 추수할 일꾼들을 보내 주소서 하라 하시니라 (마 9:37-38).

다가온 대부흥과 대추수에 쓰임받으려면 충만으로도 안 된다. 반드시 흘러넘쳐야 한다. 수많은 그리스도인이 빈 잔을 들고 있다. 반만 차도 안 된다. 채워지지 않으면 자신도 만족하지 못한다. 가득차도 안 된다. 가득찬 잔을 가지고 있는 것으로는 부족하다는 말이다. 가득차면 자신에게는 충분하겠지만 다른 사람을 채워줄 수는 없다. 반드시 넘쳐야 한다. 우리는 항상 넘쳐흐르는 잔을 가져야 한다. 넘쳐흘러야 남에게 줄 수 있다. 하나님 임재의 은혜와 성령의 기름과 능력이 넘쳐흘러야 사역할 수 있다. 넘쳐야 열방 부흥과 마지막 추수를 위해 쓰임받을 수 있다. 성령이 임했을 때는 하나님이 이미 내 안에 계신다. 필요한 것은 내가 그 하나님으로 날마다 충만하게 되는 것이다.

교회는 그의 몸이니 만물 안에서 만물을 충만하게 하시는 이의 충만이니라(엡 1:23).

그 너비와 길이와 높이와 깊이가 어떠함을 깨달아 하나님의 모든 충만하신 것으로 너희에게 충만하게 하시기를 구하노라(엡 3:19).

다윗은 하나님으로 충만하였다. 흘러넘쳤다. 조금도 부족함이 없었다. 우리도 항상 그래야 한다. 흘러넘쳐야 한다. 주님이 곧 오신다. 주님의 신부로, 추수할 일꾼으로 준비되어야 한다. 망설일 시간도, 엎지를 시간도 없다. 자칫 엎지르면 다시 채울 시간이 없을 수 있다. 넘어질 시간이 없다. 넘어졌다 다시 일어날 시간이 없을 수 있다. 하나님으로, 주님으로, 성령으로 충만해야 한다. 나아가서 넘쳐야 한다. 예수 그리스도는 어제나 오늘이나 영원토록 동일하시기 때문이다(히 13:8). 그분이 세상 끝날까지 함께 하시기 때문이다(마 28:20). 하나님으로 부족함이 없다고 주님 오시는 날까지 매일 고백해야 한다. 더이상 의심할 시간이 없다. 지금은 근심하고 염려할 단계가 아니다. 불평과 불만은 금물이다. 지금 낙심과 원망의 자리에 있다면 자칫하면 버려질 수도, 낙오될 수도 있다. 처음 주님을 만났을 때, 은혜가 충만했던 것처럼 주님 한 분만으로 만족하고 감사하는 단계로 빨리 올라와야 한다.

여호와는 나의 목자시니 내가 부족함이 없으리로다(시 23:1).

"내게 부족함이 없으리로다"가 아니라 "내가 부족함이 없으리로다(I shall not be in want)"이다. 내게 부족함이 없을 때는 기뻐하고, 내게 부족함이 있으면 기뻐하지 않는 것이 아니다. 형편이 어떠하든 부족함이 없다고 고백하는 것이다. 하나님의 은혜는 언제 어디서나 어느 경우에나 족하다. "내 잔이 넘치나이다"가 하나님으로 부족함이 없었던 다윗의 고백이다. 이 고백을 하는 사람은 "시냇가에 심은 나무가 철을 따라 열매를 맺으며 그 잎사귀가 마르지 아니함 같으니 그가 하는 모든 일이 다 형통"(시 1:3)할 것이다. 우리는 우리의 몸을 "하나님이 기뻐하시는 산 제사"로 드려야 한다(롬 12:1). 우리 몸의 모든 지체가 마땅히 거룩하게 되어, 하나님의 성령과 함께 조화롭게 일해야 한다. 주님으로 가득 채워지기 위해서, 흘러넘치기 위해서 우리 몸의 지체들이 반드시 성결해야 한다. 손이 거룩해져야 한다. 발이 거룩해져야 한다. 눈이 거룩해져야 한다.

> 만일 네 손이 너를 범죄하게 하거든 찍어버리라 장애인으로 영생에 들어가는 것이 두 손을 가지고 지옥 곧 꺼지지 않는 불에 들어가는 것보다 나으니라 만일 네 발이 너를 범죄하게 하거든 찍어버리라 다리 저는 자로 영생에 들어가는 것이 두 발을 가지고 지옥에 던져지는 것보다 나으니라 만일 네 눈이 너를 범죄하게 하거든 빼버리라 한 눈으로 하나님의 나라에 들어가는 것이 두 눈을 가지고 지옥에 던져지는 것보다 나으니라(막 9:43-47).

하나님은 눈짓하는 것을 싫어하신다. 욥은 "내가 내 눈과 약속하였나니 어찌 처녀에게 주목하랴"(욥 31:1)고 고백하였다. 보는 것을 성결하게 지키지 않고는 넘칠 수 없다. 실제를 보든 화면을 보든 눈과 언약을 해야 두 마음을 품지 않을 수 있다. 미국은 3S 우민정책을 시행하고 있다. Screen, Sports, Sex다. 모두 보는 것과 관련 있다. 마귀도 같은 방법으로 믿는 자들을 옭아맨다. 성도는 거룩한 백성이다. 성직자와 추수의 신부로 준비되려면, 죄와 싸우되 피 흘리기까지 지체를 정결하게 해야 한다. 그중에 가장 먼저 극복해야 하는 것이 "보암직도 하고"(창 3:6) 하는 눈이다. 보는 것에 실패하자 먹음직하게 여겼고, 결국 하나님의 명령을 어기게 되었다. 생각과 말이 아니라 실제로 우리 몸을 하나님이 기뻐하시는 거룩한 산 제사로 드려야 한다(롬 12:1). 그래야 영적 예배를 통해 충만을 넘어 넘쳐흐르는 단계로 나아갈 수 있다. 다가온 부흥은 하나님이 주도하신다. 아무리 발버둥쳐도 거룩하지 못한 자는 쓰임받지 못한다. 오직 거룩한 자만 쓰임받는다.

> 나의 하나님 여호와께서 임하실 것이요 모든 거룩한 자가 주와 함께 하리라(슥 14:5).

> 그 날에는 말 방울에까지 여호와께 성결이라 기록될 것이라(슥 14:20).

이를 위해 하나님으로 충만하게, 내 잔이 넘치게 하기 위해서는 성령께서 내 맥박 가운데, 내 심장 고동 가운데, 숨쉬는 호흡 가운데 계심을 매일 매 순간 오감으로 느껴야 한다. 새벽에 갖는 주님과의 친교가 좀 게을러졌을 때, 도도하고 꽉 차고 넘치게 흐르던 강물의 폭이 현저하게 줄어든 것을 보여 주셨다. 그래서 주님 앞에 앉아 있는 시간이, 그분과의 친밀한 시간이 하나님으로 충만하게 되는 비결임을 잊지 않게 하셨다. 다가온 마지막 대부흥과 대추수의 사역자로 쓰임받기 위해서는 반드시 넘치는 잔을 가져야 한다. 하나님으로, 성령의 능력으로 충만해야 한다. 우리가 성령으로 넘치도록 충만해질 때, 수많은 사람이 구원의 은혜의 잔을 마시게 될 것이다.

지금은 은혜받을 만한 때요 곧 구원의 날이며(고후 6:2), 지금은 하나님께서 하늘과 땅과 만국을 진동시키러 오시는 은혜와 부흥의 마지막 때다. 하나님으로 충만하고 경건함과 두려움으로 하나님을 기쁘시게 섬기기 위해 은혜를 받아야 할 이방인의 때, 교회 시대의 마지막 시간이다(히 11:26-28). 하나님의 부흥을 사모하는 우리에게 가장 중요한 것, 가치 있는 것은 무엇보다도 성령으로 충만하되 넘치도록 충만하게 되는 것이다.

우리가 하나님으로, 성령으로 충만할 때, 하나님께서 우리를 통해 흘러가게 할 은사와 능력을 부어 주신다. 주님은 "나를 믿는 자는 성경에 이름과 같이 그 배에서 생수의 강이 흘러나오리라"(요 7:38)고 하셨다. 우리를 통해 생수의 강이 흘러갈 때, 모든 민족과 열방이 주께로 돌아오는 부흥이 일어날 것이다. 지금은 마지막 추수의 때다. 반드시 넘쳐야 한다.

너희는 넉 달이 지나야 추수할 때가 이르겠다 하지 아니하느냐 나는 너희에게 이르노니 눈을 들어 밭을 보라 희어져 추수하게 되었도다 (요 4:35).

주께서 내 원수의 목전에서 내게 상을 차려 주시고 기름을 내 머리에 부으셨으니 내 잔이 넘치나이다 내 평생에 선하심과 인자하심이 반드시 나를 따르리니 내가 여호와의 집에 영원히 살리로다(시 23:5-6).

섭섭함을 버려야 한다

여호와는 나의 목자시니 내가 부족함이 없으리로다(시 23:1).

하나님으로, 성령으로 넘치는 사람은 섭섭함이 없다. '여호와는 나의 목자시니'라고 고백하면서도 그 목자에 대해 섭섭함이 있다면 뭔가 잘못된 것이 있다. 사람에 대해 섭섭함이 아니다. 하나님에 대한 섭섭함, 신앙생활을 하면서 만족함이 없는 것을 말하는 것이다. 여호와를 목자로 삼는 그리스도인에게 왜 섭섭함이 남아 있을까? 관점의 차이 때문이다. "내게 부족함이 없으리로다'인가, "내가 부족함이 없으리로다"인가? 앞의 고백은 내가 주체이고 뒤의 고백은 하나님이 주체다.

그리스도인의 믿음의 관점에서 "내가 부족함이 없으리로다"가 맞다. 영어 성경에도 "I shall not be in want, I shall not want"라고 되어 있다. 다윗은 자신의 만족이나 부족을 말하는 것이 아니라, 하나님은 부족함이 없으신 분이라고 고백한 것이다. 내게 부족함이 없다는 것은 내가 주체가 되는 관점에서 하나님이 나에게 은혜를 주시는 분, 공급하시는 분, 나를 편안하게 하시는 분이라는 것이다.

어떠한 형편에든 하나님이 주체가 되시고 나의 목자이기 때문에 내가 부족함이 없다고 고백하는 것이다. 그래서 "내가 사망의 음침한 골짜기로 다닐지라도 해를 두려워하지 않을 것은 주께서 나와 함께 하심이라 주의 지팡이와 막대기가 나를 안위하시나이다 주께서 내 원수의 목전에서 내게 상을 차려 주시고 기름을 내 머리에 부으셨으니 내 잔이 넘치나이다"(4-5절)라고 고백한 것이다. 사망의 음침한 골짜기, 원수의 목전은 부족함이 없는 상황이 아니다. 너무나도 힘든 상황이다. 그러나 여호와가 나의 목자가 되기 때문에 내가 부족함이 없다는 고백이다. 개역 개정으로 바뀌기 전 개역 한글에는 "내가 부족함이 없으리로다"였다. 그런데 개역 개정과 표준 새번역 등 다른 번역본에는 "내게 부족함이 없으리로다"라고 되어 있다.

"내가 부족함이 없으리로다"와 "내게 부족함이 없으리로다"는 큰 차이가 있다. 신본주의가 인본주의로 바뀐 것이다. "내게 부족함이 없으리로다"의 관점에서는 하나님께 섭섭한 마음을 가질 이유가 부지기수다. 상황이나 형편의 관점에서 보면 하나님이 마음에 안들 때가 더 많기 때문이다. 그러나 "내가 부족함이 없으리로다"는 우리가 하늘에 속한 자요, 하나님을 믿는 자들이기에 하는 신앙 고백이다. 어떤 상황에도 하나님이심을 신뢰했기에 다니엘의 세 친구는 왕의 신상에 절하지 않고 풀무불 속에 들어가면서도 "그리 아니하실지라도"라고 고백할 수 있었다(단 3:18). 다윗이 오늘날의 한국 교회를 본다면 성을 낼 것 같다. 다윗은 분명히 "내가 부족함이 없다"고 하나님은 부족함이 없는 분이라고 고백하였다. 하나님의 선하심과 인자하심을 노래하였다. 우리가 하나님을 믿는다고 하면서도 형편과 상황, 이 땅의 관점에서 하나님을 바라보면 만족과 감사보다 불만과 섭섭함이 더 많을 것이다.

그러나 믿음의 관점, 하늘의 관점에서 바라보면 하나님은 부족함이 없으신 분이다. 그분은 감사와 찬송을 받으실 분이다. 그분의 인자와 사랑은 영원하다. 독일 유대인들이 수용소 가스실로 들어가면서 "여호와는 나의 목자시니 내가 부족함이 없으리로다"를 암송했다는 일화는 유명하다. 죽으러 들어가면서 하나님에 대한 원망과 섭섭한 마음을 가졌다면 할 수 없는 고백이다.

우리 마음에 섭섭함이 있다면 "내게 부족함이 없으리로다"라는 관점에 너무 오래 머물지 않았나 생각해 보아야 한다. 지금이라도 "내가 부족함이 없으리로다"라고 고백하자. 그래야 여호와가 나의 목자이시다. 그래야 우리가 하나님을 믿는 자다.

어떻게 해야 내가 부족함이 없을까? 내가 원하는 대로 부유하고 내가 원하는 기도 제목이 응답되고 모든 것이 내 뜻대로 된다고 해서 부족함이 없을까? 막상 그렇게 되어도 부족한 것은 여전히 많고 섭섭함은 있을 수 있다. 수년 전 새벽 기도회에서 마가복음 10장을 읽었다. 부자 청년이 예수님께 와 "내가 무엇을 해야 영생을 얻으리이까?" 하며 어렸을 때부터 계명을 다 지켰다고 하자, 주님은 "네게 오히려 한 가지 부족한 것이 있으니 가서 네 있는 것을 다 팔아 가난한 자들을 주라 그리하면 하늘에서 보화가 네게 있으리라 그리고 와서 나를 좇으라"고 하셨다. 그러자 그가 재물이 많은 고로 슬픈 기색을 띠고 근심하며 갔다고 하였다(막 10:17~22).

사람은 재물이 많아도 부족한 것이 있다. 계명을 다 지켜도 여전히 부족한 것이 있다. 오직 진정으로 주님을 좇아야 부족함이 없다. 여호와가 나의 목자가 되셔야, 내 잔이 넘쳐야 부족함이 없다고 고백할 수 있다.

다가온 대부흥과 대추수에 쓰임받을 자는 마음에 섭섭함이 없는 자다. 내가 하나님으로 부족함이 없다고 고백하는 자다. 하나님 한 분만으로 만족하는 자다. 하나님을 사랑하는 자다. 그래야 모든 것이 합력하여 선하게 됨을 믿고 섭섭함을 떨칠 수 있다. 나아가서 항상 기뻐하고 쉬지 말고 기도하고 범사에 감사하는 자가 될 수 있다. 어떻게 하면 이 마지막 부흥에 쓰임받고 아직까지 남아 있는 섭섭함을 버리고 부족함이 없다고 고백할 수 있을까? 그러기 위해서는 지금의 모든 섭섭함과 부족함의 상황에서, 첫째, 여호와의 선하심을 맛보기 위해 하나님께 피해야 한다(그분께 달려가야 한다). 둘째, 여호와를 경외해야 한다(신령과 진정으로 그분을 예배해야 한다). 셋째, 여호와를 찾아야 한다(그분의 얼굴과 영광을 구해야 한다).

시편 34편은 왕으로 기름 부음 받은 다윗이 아비멜렉 앞에서 미친 척하다 쫓겨나서 지은 시다. 다급한 상황에서도 그는 여호와를 송축하며 그분의 광대하심과 그분의 이름을 높이며 부족함이 없다고 고백하였다.

너희는 여호와의 선하심을 맛보아 알지어다 그에게 피하는 자는 복이 있도다 너희 성도들아 여호와를 경외하라 그를 경외하는 자에게는 부족함이 없도다 젊은 사자는 궁핍하여 주릴지라도 여호와를 찾는 자는 모든 좋은 것에 부족함이 없으리로다(시 34:8-10).

그러므로 더는 하나님으로 부족함이 없는 다윗의 신앙 고백을 섭섭함의 수준으로 끌어내리지 말자. 다가온 대부흥과 마지막 열방 대추수를 위해 쓰임받을 자는 섭섭함을 등 뒤로 던져 버린 자다. 하나님의 불을 골수에 보내 달라고 구하고 체험하자. 실제로 근심이 없어진다.

지나가는 모든 사람들이여 너희에게는 관계가 없는가 나의 고통과 같은 고통이 있는가 볼지어다 여호와께서 그의 진노하신 날에 나를 괴롭게 하신 것이로다 높은 곳에서 나의 골수에 불을 보내어 이기게 하시고 내 발 앞에 그물을 치사 나로 물러가게 하셨음이여 종일토록 나를 피곤하게 하여 황폐하게 하셨도다(렘애 1:12-13).

하나님의 영광을 구하자. 지난날에 대한 후회감이 싹 사라진다.

여호와의 영광 곧 그의 아름다움을 보리로다(사 35:2).

잔이 채워지는 것으로 만족하면 안 된다. 넘쳐야 한다. '내 잔이 넘치나이다'라고 고백해야 한다.

여호와는 나의 목자시니 내가 부족함이 없으리로다.
그가 나를 푸른 풀밭에 누이시며 쉴 만한 물가로 인도하시는도다.

내 영혼을 소생시키시고 자기 이름을 위하여 의의 길로 인도하시는도다. 내가 사망의 음침한 골짜기로 다닐지라도 해를 두려워하지 않을 것은 주께서 나와 함께 하심이라 주의 지팡이와 막대기가 나를 안위하시나이다. 주께서 내 원수의 목전에서 내게 상을 차려주시고 기름을 내 머리에 부르셨으니 내 잔이 넘치나이다.

내 평생에 선하심과 인자하심이 반드시 나를 따르리니 내가 여호와의 집에 영원히 살리로다(시 23:1-6).

바쁘지 않아야 한다

안식이 먼저다. 2005년 11월 29일 새벽에 "나의 보좌와 너 사이에 아무것도 두지 마라"는 음성이 들려왔다. 이 말씀이 일차적으로는 하나님만을 가까이하고 사랑하라는 의미이지만, 시간이 흐른 지금은 하나님과의 친밀감을 위한 안식이 무엇보다 먼저라는 것을 알게 되었다.

"주인인 내가 아직 보내지도 않았는데 종인 네가 나가서 뭘 한다고 설치지 마라. 나는 안하는데 너만 바쁘게 일하면 안 된다. 너의 노력과 바쁨을 그만두라. 너의 끝이 곧 나 하나님의 시작이다. 너를 통해 내가 하도록 먼저 내 안에서 안식을 배우라"는 말씀인 것을 깨달았다. 현대인들은 일중독(workaholic)에 빠져 아무것도 하지 않으면 불안하다. 믿지 않는 자나 믿는 자나 모두 비슷하다. 그래야 사는 것 같고, 그래야 뒤처지지 않을 것 같아서만도 아니다. 그냥 아무것도 하지 않는 것에, 쉬는 것에 익숙하지 않아서

다. 우리나라가 가난했을 때는 "밥 먹었어?" "식사하셨어요?" "진지 드셨어요?"가 인사였다. 잘살게 된 지금은 "바쁘지?" "바쁘시지요?"가 인사다.

한번은 아내와 식당에 갔다. 음식을 주문하고 기다리는 중에 앞테이블에 마주 앉아 있는 젊은 커플을 무심코 보게 되었다. 20대 중후반으로 보이는 그들의 행동이 이해되지 않았다. 꽃게탕을 잘하는 식당이라 격식을 갖추어 데이트하러 온 것은 아닌 것 같고, 편안한 옷차림을 한 것으로 보아 꽤 오랜 시간 만난 사이 같았다. 그들은 서로 얼굴도 보지 않고 대화도 하지 않고 음식이 나올 때까지 휴대폰만 보고 있었다. 결혼한 지 36년째인 우리도 둘만의 시간에 한두 번이라도 문자를 확인하면 "그러려면 혼자서 하세요"라는 핀잔을 받는다. 아내가 그렇다면 하나님의 심정은 어떠실까? 하나님의 자녀라고 하면서 문안도 안 오고(주님께 가까이 나아옴), 전화도(기도도 대화도) 안하고, 연락도 안하면 주님의 마음이 어떠실까? 우리 그리스도인은 달라야 한다. 세상 사람들과 그냥 교회 다니는 사람들과 달라야 한다. 매일 매 순간 주님을 생각하고 사랑한다고 고백하고 그분의 뜻과 하늘의 것을 찾고 영원을 사모하는 마음으로 살아야 한다. 주님의 음성을 못 들으면 어미 품을 떠난 아기처럼 보채서라도 주님이 나를 안으시도록 해야 한다. 그래야 다가온 대부흥과 대추수에 쓰임받을 수 있다.

인터넷 세대일수록 바쁨의 심각성은 더하다. 요즈음 '디지털 디톡스', 즉 디지털 단절 및 해독 서비스까지 생겨났다. 인터넷, 휴대폰 같은 모바일 기기와 페이스북, 트위터, 인스타그램 등 SNS 이

용 중독증을 치료하는 서비스다. 바쁘지 않으면, 그리고 잠시라도 뭐라도 하지 않으면 불안한가? 그렇다면 속는 것이다. 진리가 아닌 것에 속는 것이다. 세상 풍조에 밀려 떠내려가고 있는 것이다. 회사에서 직장에서는 바쁠 수 있다. 그리고 당연히 바쁘다. 믿는 자들도 회사에서 직장에서는 열심히 해야 한다. 일의 범주에서 벗어나 믿지 않는 사람들과 똑같이 바쁜 것의 노예가 된 일상이나 시대의 풍조를 따라 가면 안 된다는 것이다. 그리스도인이라면, 진정한 주님의 제자라면 달라야 한다. 우리는 세상에 속해 있으면서도 하늘에 속한 자요, 하늘의 것을 찾는 자요, 신령한 것을 추구하는 일을 게을리해서는 안 되는 신분이기 때문이다.

> 허물로 죽은 우리를 그리스도와 함께 살리셨고 (너희는 은혜로 구원을 받은 것이라) 또 함께 일으키사 그리스도 예수 안에서 함께 하늘에 앉히시니(엡 2:5-6).

> 그러므로 너희가 그리스도와 함께 다시 살리심을 받았으면 위의 것을 찾으라 거기는 그리스도께서 하나님 우편에 앉아 계시느니라 위의 것을 생각하고 땅의 것을 생각하지 말라 이는 너희가 죽었고 너희 생명이 그리스도와 함께 하나님 안에 감추어졌음이라(골 3:1-3).

아무리 일상이 분주해도 우리의 마음마저 분주하면 안 된다. 주님 안에서 안식하는 법을 배워야 한다. 바쁠수록, 시간이 없을수록 그래야 한다. 더욱이 주의 일을 하는 자들은, 다가온 마지막 대부흥과 대추수에 쓰임받을 자들은 반드시 바쁘지 않은 법을 터득해야 한다. 주님 안에서 안식하고 그분과의 교제를 가장 우선시해야 한다. 그래야 주님이 쓰신다. 히브리서 4장 10절에 "이미 그의 안식에 들어간 자는 하나님이 자기 일을 쉬심과 같이 그도 자기의 일을 쉬느니라"고 하였다. 열심히 일한 후에 휴가를 얻어 쉬는 것이 아니다. 선교사들이 선교지에서 힘써 일한 후에 안식년을 갖는 것을 말하는 것이 아니다. 세상 사람들은 일하고 나서 쉰다. 그러나 성경의 법칙은 그렇지 않다. 천지창조 후 하나님은 이레 되는 날을 안식일로 정하셨다. 여섯째 날 창조함을 받은 아담의 첫 번째 일은 하나님과 안식하는 것이었다. 그리고 월요일부터 그는 일했다. 쉬는 것이 먼저다. 안식이 먼저다. 주님 앞에 준비되는 기간이, 과정이 먼저다. 바울은 다메섹 도상에서 주님을 만난 후, 3년간 아라비아 광야에서 주님 안에서 안식한 후 사역을 시작하였다.

주님 재림 전에 온 세상을 덮을 영광의 부흥을 위해 쓰임받을 자는 무엇보다도 먼저 주님 안에 안식하는 법을 배워야 한다. 그것은 사람의 일이 아닌 하나님 자신이 친히 하시는 일을 위해 준비되기 위함이다. 나를 준비시켜 주님의 도구가 되는 것이다. "주가 쓰시겠다고 하라"고 하셨다(막 11:3). 현대인들은 아무것도 하지 않으면 불안하다. 믿는 자들도, 사역자들도 마찬가지다. 무엇보다 중요하고 필요한 것은 아무것도 하지 않고 주님 곁에서 주님 안에 있는 법을 배우는 것이다. 우리의 본성은 "우리가 무엇을 해야 한다"고 외친다. 그러나 하나님은 "너희는 가만히 있어 내가 하나님 됨을 알지어다 내가 뭇 나라 중에서 높임을 받으리라"(시 46:10)고 하신다.

신앙 여정 속에서 하나님께서 기다리게 하는 시간과 장소가 있다. 이곳에서는 지난날의 모든 경험이 아무 소용이 없다. 하나님께서 스스로는 아무것도 할 수 없는 상황으로 이끄시는 사람은 하나님의 특별한 시대적 계획을 위해 선택된 사람이다. 그리고 하나님께서 모든 것을 내려놓기 원하신다는 것을 알고 순종하는 자는 복되다.

많은 주님의 사역자들이 계획을 잘하고 앞으로 될 일, 이룰 일을 알고 싶어 한다. 그러나 하나님께서 보다 더 크고 깊은 사역을 준비시키는 사람들은 앞으로 어떻게 될지 모르는 자리에서 잠잠히 하나님을 신뢰하기 원하신다. 하나님 자신이 비밀히 하시는 일을 알리지 않으셔서 때로 힘들기도 하지만, 그분이 하나님이심을 신뢰하고 기다리면, 하나님은 반드시 정하신 때에 일어나시고 하나님이심을 나타내신다. 하나님의 안식을 배우지 못한 자들은 쉬지 못한다. 안식에 있지 못하기에 많은 길에서 불안할 뿐이다. 그것은 결국 믿음과 신뢰의 반대의 길로 인도하여 혼돈과 회의와 좌절과 낙심으로 이끌 뿐이다.

하나님께서는 우리를 우리의 계획에서 자유하고, 인간적인 노력과 우리 안에 있는 하나님의 능력을 방해하는 독단주의에서 해방되는 안식의 장소로 데리고 들어가기 원하신다. 잔느 귀용은 "아무것도 하려고 하지 말라. 하나님을 기다리다가 하나님께서 죽음으로 이끄시면 그냥 죽으라"고 하였다. 지금부터라도 하나님의 일을 하려고 내가 애쓰는 것이 아니라, 하나님께서 나를 사용하실 수 있도록 하자. 주님 앞에 앉아 있고 그 안에서 안식하는 법을 배우자. 내 생각, 내 의지, 내 계획, 내 노력으로 50년 일하는 것보다 하나님이 나를 쓰셔서 일하는 일 년이 더 많은 열매를 맺게 될 것이다. 다가온 마지막 대부흥과 대추수를 위해 쓰임받기 원하는 자들은 하나님의 보좌 앞에서 비밀히 훈련되는 하나님의 비밀 군대다. 하나님께서 일어나실 때 함께 일어나서 대적의 진지를 파쇄하는 승리의 군대다.

> 하나님이 일어나시니 원수들은 흩어지며 주를 미워하는 자들은 주 앞에서 도망하리이다(시 68:1).

바쁘지 말자. 주 안에 거하는 안식을 배우자. 홀연히 문이 열릴 것이다. 준비된 만큼 쓰임받게 될 것이다.

죄와 세상을 철저히 미워해야 한다

2016년 3월 14일, 한국 집회 전에 영적 일지를 보게 하셨다. 2006년 1월 30일에 들은 주님의 음성이다.

네 안에 세상을 사랑하는 것이 있으면, 하나님을 사랑하는 것이 아니다. 세상을 미워하고 죄를 미워할 때, 하나님의 사랑이 그 속에 있는 것이다. 아무리 늦더라도 완전히 죄를 미워하고 세상을 미워하며 나를 사랑할 때 너를 쓸 것이다. 그때 열매가 있을 것이다.

요한일서 2장 15절은 말한다. "이 세상이나 세상에 있는 것들을 사랑하지 말라 누구든지 세상을 사랑하면 아버지의 사랑이 그 안에 있지 아니하니." 불세례가 임하여 몇 달 동안 온몸을 태울 때 비슷한 말씀들이 주어졌다.

신발을 벗고 앉으라. 비밀한 장소를 준비해 놓았다. 사역 안하는 것에 대한 미안한 마음 갖지 마라. 지금은 나의 무릎에 앉아서 안식하는 때다(2006. 1. 28).

악은 모든 모양이라도 떠나라(2006. 2. 7).

버리는 것을 넘어서서 악의 모든 모양이라도 떠나라는 것이다. 일반적 소명(General Calling), 허락된 소명(Permissive Calling) 때는 그럭저럭 사역할 수 있다. 30대 중반 한국에서 사역할 때, 필리핀 오지 섬에서 사역하는 선교사의 보고를 들은 적이 있다. 선교사는 원주민의 이런저런 풍습과 추장의 가정에 관해 이야기해 주었다. 추장에게는 세 명의 아내가 있는데 손님이 오면 아내들을 손님 숙소로 보내서 떠날 때까지 접대하게 하는데 잠자리까지 접대한다는 것이다. 원주민 풍습을 이해할 수는 없지만, 복음을 위해 존중하는 마음으로 한 명에게는 빨래를, 다른 이에게는 음식을, 또 다른 이에게는 청소시켰다고 했다. 이 보고를 들은 사람들은 대부분이 목회자였다. 식사 중인 선교사에게 70이 넘은 은퇴한 목사님이 묻기도 민망한 질문을 했다. "정말 손도 안 잡았어요?" "네, 손도 안 잡

앉아요"라고 담담하게 대답하였다. 이 광경을 보면서 이런 생각이 들었다. 첫째, 저 나이에 어떻게 그런 생각을 할 수 있을까? 둘째, 평생 목사로 살았으면서 그런 생각을 감추기보다 알고 싶은 의지가 앞설까?

60대 후반에 들어선 지금, 자기 생각을 다스리지 않으면, 70이 아니라 80이라도 경건한 삶을 살 수 없다는 것이다. 성령의 생각에 사로잡히지 않고 자기 생각대로 살면 겉으로는 경건하고 거룩한 체 할 수 있어도, 안으로는 온갖 추한 정욕에 사로잡힐 수 있는 것이다. 그래서 요한일서 2장 16-17절은 말한다. "이는 세상에 있는 모든 것이 육신의 정욕과 안목의 정욕과 이생의 자랑이니 다 아버지께로부터 온 것이 아니요 세상으로부터 온 것이라 이 세상도, 그 정욕도 지나가되 오직 하나님의 뜻을 행하는 자는 영원히 거하느니라."

하나님께서 기름 부으신 소명, 완전한 소명으로 부르신 자는 아무리 늦어도 완전히 죄를 미워하고 세상을 미워하며, 하나님만을 사랑할 때 쓰신다는 말씀을 주신 것이다. 이는 하나님의 뜻을 다 이루는 궁극적 소명을 가진 사람에 대한 기준이다.

내가 이새의 아들 다윗을 만나니 내 마음에 맞는 사람이라 내 뜻을 다 이루리라(행 13:22).

또한 지성소에 들어가는 대제사장적 사역이며, 영광의 영역에서 쓸 시대적인 사명자를 향한 부르심이다. 그리고 그 기준은 거룩함이다. 불세례와 영광을 경험한 후에 다섯 번 한국 집회를 나가게 하셨는데, 10년 전에 주어진 말씀을 여섯 번째 방문 전에 다시 읽게 하신 이유가 있었다. 그때는 그 말의 심각성을 제대로 알지 못했다. 10년이란 세월을 통해 죄에 대한 자각과 하나님과의 친밀함에 대해 더욱 예민해진 것뿐만이 아니라, 이제 시대적으로 기름 부으심의 영역에서 영광의 영역으로의 전환의 때이기 때문이다.

2016년 3월 한국 집회, 세 번째 집회 장소의 둘째 날 저녁 찬양을 할 때 품격 있는 오페라 극장 무대 하단에 여러 겹으로 너울진 아주 고급스러운 막이 거의 다 내려온 것을 보여 주셨다. 교회에 들어올 때 벽에 걸린 '기름 부으심의 역사'라는 배너를 보았는데, 이제 이 교회뿐 아니라 한국 교회 안에 있었던 기름 부으심의 영역의 막이 끝나고, 영광의 막이 오를 때가 된 것을 보여 주신 것이다. 설교를 마치고 그것을 선포했을 때, 기름 부으심의 영역에서 나타나는 은사와는 또 다른 하나님의 보좌와 영광의 영역에서 풀어지는 영광의 나타남과 기적을 볼 수 있었다.

그리고 그것을 확증이라도 하듯 한국 집회를 마치고 LA 공항에 내렸을 때도 체험한 자만이 아는 영광의 영역에서 나타나는 기적으로 그 사실을 확증해 주셨다. 죄와 세상을 미워하고 하나님만 사랑할 때, 거룩함의 영역에서 나타나는 기적으로 쓰임받게 하겠다는 증거로 보여 주신 것이다. 지성소의 영역에서 나타나는 천사의 활동과 젖과 꿀이 흐르는 약속의 가나안 땅에서 일어나는 초자연적인 기적들을 의미하는 상징이다. 그리고 사역자인 나에게 먼저 알려 주신 것은 앞으로 모든 사람에게 알리고 적용할 때, 그러한 영역에서 같은 역사들이 나타날 것이기 때문이다.

이 모두는 거룩함에 대한 것이다. 지성소의 사역을 말하는 것이며, 대제사장적 사역이요, 기름 부으심의 사역자 영역에서 영광의 영역의 사역자로 나아가는 것이다. 성소에서 사역하는 제사장보다 지성소에서 사역하는 대제사장은 죄가 없어야 한다. 영광의 법궤가 있는 비밀한 장막, 지성소에 죄 있는 채로 들어가면 죽는다. 베드로가 지성소의 영역, 거룩한 영광의 영역에서 사역할 때, 아나니아와 삽비라가 성령을 속였다가 죽었다. 다가온 대부흥과 대추수에는 이러한 일들도 일어날 것이다.

영광의 영역에서 사역하는 자들이 준비되었을 때, 하나님의 거룩한 영광이 어느 장소에 풀어질 것이며, 거룩하지 못한 것들은 태움을 받게 될 것이다. 이제 주님이 오시기 전 세상 심판을 앞두고 물이 바다를 덮음 같이 하나님의 영광이 세상을 덮는 마지막 부흥과 추수의 때가 되었다.

물이 바다를 덮음 같이 여호와를 아는 지식이 세상에 충만할 것임이니라(사 11:9).

하나님을 더 잘 알아야 한다

2007년 4월 12일에 주님께서 말씀하셨다. "네가 나를 더 잘 알면 내가 너를 쓴다. 세상 끝까지 보낼 것이다. 나를 더 잘 알 때가 시작의 때다. 하나님을 더 잘 알아야 한다. 거룩해야 한다. 자신의 마음을 따라가고 남의 말을 따라가지 마라. 사도적 지혜다. 하나님보다 앞서 가지 마라. 하나님이 보호하신다. 전쟁터에 나간다. 방어를 하라."

2016년 한국 집회를 앞두고 9년 전에 말씀하신 것을 보게 하시고 참된 의미를 알게 하셨다. 그때는 깊은 의미를 알지 못했지만, 이제는 더욱 모든 일에서 하나님 알기를 힘쓰게 되었다. 들리는 하나님의 음성에 순종하면서부터 바뀐 것은 "죄를 미워하지 않으면 너를 안 쓴다. 나를 잘 알지 못하면 너를 안 쓴다"가 아니라, "죄를, 세상을 철저히 미워하면 너를 쓴다. 나를 잘 알면 너를 쓴다"고 말씀하시는 것이다. 이전에는 성령세례를 받고도 계명에 순종하지 못했지만, 불세례를 받고 영광을 경험하며 계명을 지키는 지금은 긍정적으로 말씀하신다. 이전보다 주님을 더 사랑하기 때문이다.

너희가 나를 사랑하면 나의 계명을 지키느니라(요 14:15).

나의 계명을 지키는 자라야 나를 사랑하는 자니(요 14:21).

성령세례를 받고도 항상 성령이 충만하지 못해서 나보다 주님을 더 사랑하지 못했고, 계명을 온전히 순종하지 못할 때가 많았다. 그러나 이제는 쓰신다고 하신다. 이제 한국 사람이 한국 사람을 성령의 좌우에 날 선 검, 곧 말씀과 성령의 능력으로 수술할 때가 되었기 때문이다. 하나님께서 이름 없고 얼굴 없는 준비된 사람들을 일으키신다. 주님을 개인적으로 더 잘 아는 자들이다. 주님께 가까이 나아가고 그분과의 친밀함 안에 거함으로 그분이 주시는 지혜와 계시로 그분을 체험적으로 아는 자들이다.

우리 주 예수 그리스도의 하나님, 영광의 아버지께서 지혜와 계시의 영을 너희에게 주사 하나님을 알게 하시고 너희 마음의 눈을 밝히사 그의 부르심의 소망이 무엇이며 성도 안에서 그 기업의 영광의 풍성함이 무엇이며 그의 힘의 위력으로 역사하심을 따라 믿는 우리에게 베푸신 능력의 지극히 크심이 어떠한 것을 너희로 알게 하시기를 구하노라(엡 1:17-19).

그의 영광의 풍성함을 따라 그의 성령으로 말미암아 너희 속사람을 능력으로 강건하게 하시오며 믿음으로 말미암아 그리스도께서 너희 마음에 계시게 하시옵고 너희가 사랑 가운데서 뿌리가 박히고 터가 굳어져서 능히 모든 성도와 함께 지식에 넘치는 그리스도의 사랑을 알고 그 너비와 길이와 높이와 깊이가 어떠함을 깨달아 하나님의 모든 충만하신 것으로 너희에게 충만하게 하시기를 구하노라(엡 3:16-19).

그들은 목회자나 평신도의 구별 없이 주님과 더불어 먹고 마심으로 주님을 친구처럼, 연인처럼 잘 아는 자들이다. 주님의 백성을 기름 부으심의 성소의 영역에서 영광의 지성소 영역으로 이끌 하나님의 사람들을 쓰신다. 그들은 거룩한 자들이다.

나의 하나님 여호와께서 임하실 것이요 모든 거룩한 자들이 주와 함께 하리라(슥 14:5).

주님을 더욱 잘 알 때 거룩해진다. 그분이 거룩하시기 때문이다. 그분은 지성소의 영역, 곧 영광의 영역에 거하신다. 그분의 불에 태워지고 그분의 영광에 삼켜짐으로 우리는 그분의 영광의 집이 된다. 우리가 하나님의 영광, 곧 그분의 아름다움을 보고 그분을 이전보다 더욱 체험적으로 알 때, 우리는 하나님의 대로, 영광의 대로가 되어 열방 가운데 하나님의 영광을 운반하게 될 것이다. 나라들이 우리의 빛으로 왕들은 비치는 우리의 광명으로 나아올 것이다(사 60:3).

하나님과의 친밀한 교제가 있어야 한다

다가온 대부흥과 대추수에 쓰임받으려면, 빈 잔을 가져도, 반만 차도, 가득차도 안 된다. 흐를 정도로 넘쳐야 한다. 하나님께 조금의 섭섭함도 있으면 안 된다. 그래서 '내게 부족함이 없으리로다'가 아니라 '내가 부족함이 없으리로다'라고 고백해야 한다. 바쁜 삶을 살면 안 된다. 심지어 주님의 일에도 바쁘면 안 된다. 그것이 내가 생각하는 주님의 일인지, 주님이 명하셔서 하는 일인지를 먼저 살펴야 한다. 쉬는 법을 배워야 한다. 안식이 먼저다. 안식은 주님과의 친밀한 교제로 들어가는 문이다. 안식을 통해 성소로 들어가고 지성소로 들어가는 것이다.

성소에는 기도와 말씀과 예배가 있고, 지성소에는 하나님의 영광과 천사와 기적이 있다. 하나님 영광의 임재 안에서 그분을 알고 경험하며 그분의 음성을 듣고 뜻을 깨닫게 되는 것이다. 성령의 부으심과 하나님 불세례의 직접적인 결과는 하나님께서 임재하시는 영광의 지성소로 들어가고, 하나님과의 친밀한 영적 교제로 들어가는 것이다.

하나님의 시대적인 계획 속에서 3년 밤낮을 아무 일도 하지 않고 주님 앞에 있게 하신 때가 있었다. 일을 마치고 들어올 아내를 위해 저녁을 준비할 때, 갑자기 머리부터 발끝까지 전기가 통하듯 전율이 흐르며 마음이 뭉클해지고 눈물이 났다. 순간적으로 천지를 창조하신 하나님께서 내게 들리는 음성으로 말씀하신다는 생각이 들었고 충격일 정도로 감동이었다. 하나님의 임재와 그분과의 친밀한 교제를 위한 중요한 열쇠는 그분을 앙망하고 기다리는 것이다. 강렬하면서도 고요한 신뢰를 가지고 잠잠히 주님의 임재를 갈망하고 그분의 얼굴과 아름다움과 영광을 구하는 것이다. 이것만을 나의 유일한 기도의 소원이요, 내 영혼의 갈망으로 삼는 것이다.

> 내가 여호와께 바라는 한 가지 일 그것을 구하리니 곧 내가 내 평생에 여호와의 집에 살면서 여호와의 아름다움을 바라보며 그의 성전에서 사모하는 그것이라(시 27:4).

> 하나님이여 주는 나의 하나님이시라 내가 간절히 주를 찾되 물이 없어 마르고 황폐한 땅에서 내 영혼이 주를 갈망하며 내 육체가 주를 앙모하나이다 내가 주의 권능과 영광을 보기 위하여 이와 같이 성소에서 주를 바라보았나이다(시 63:1-2).

주님 앞에 안식하는 것은 비생산적이 아니다. 주님과 함께하는 시간은 결코 헛된 낭비가 아니다. 그분을 앙망하고 기다리는 것에는 엄청난 보상이 있다. 모든 사역의 열매는 친밀함에서 나온다. 하나님의 영광 안에서 그분의 능력이 나타난다. 하나님은 바쁘시지 않다. 그분은 시간을 다스리신다. 바쁘지 않는 법을 배우고 그분과의 시간을 보내면 때가 이르면 반드시 사용하신다. 그때를 위해 준비되어야 한다. 사람은 기회를 만들지 못한다. 하나님께서 기회를 만드신다. 사역의 성공, 교회의 부흥을 열망할 것이 아니라, 주님을 열망하고 성령의 충만함을 열망하고 그분의 얼굴과 영광을 구해야 한다. 모세는 이스라엘 백성을 인도해 달라는 기도의 응답으로 하나님의 "내가 친히 가리라 내가 너를 쉬게 하리라"(출 33:14)는 음성을 듣고서도 중단하지 않고 "원하건대 주의 영광을 내게 보이소서"(출 33:18)라고 구하였다.

하나님께 어려운 일이 있겠는가? 하나님으로 하시게 하라. 누가 성령의 능력 안에서 행동할 것인가? 누가 자신을 비워 주님으로 일하시게 할 것인가? 우리의 일을 쉬는 것이 하나님을 믿는 것이다. 하나님의 보내신 자를 믿는 것이 하나님의 일이다(요 6:29). 나의 끝이 하나님의 시작이다. 가나 혼인 잔치에서 포도주가 떨어졌을 때 주님이 기적을 행하셨다. 주님은 여섯 개의 돌항아리에 물을 채우라고 하셨다. 여섯은 인간의 숫자다. 아구는 한계점이다. 나의 한계점까지 하나님을 믿고 순종할 때, 하나님이 초자연적으로 행하신다. 지금은 진동과 변화의 때다. 한순간에 깜짝 놀랄 '변화'가 있을 것이다. 기다리고 준비된 사람들에게는 하나님 자신이 가져오시는 거대한 부흥과 대각성이 일어날 것이다.

대통령으로 당선되면 새 정부의 내각을 새롭게 구성한다. 임명권자인 새 대통령은 내각을 구성할 때 주로 코드 인사를 단행하는데, 자신과 같은 성향을 가진 사람을 임용하는 것이다. 자기 뜻을 잘 알고, 믿고 신뢰할 수 있기 때문이다. 지금이라도 빨리 줄을 잘 서야 한다. 마지막 때 하나님의 통치적 주권에 동참하려면 그분께서 우리를 알아야 한다. 그분의 마음에 들어야 한다. 그분의 마음에 합한 자가 되어야 한다. 그분의 친구가 되어야 한다. 아브라함은 하나님의 벗이라 칭함을 받았다. 모세도 다윗도 하나님의 친구였다.

이에 성경에 이른 바 아브라함이 하나님을 믿으니 이것을 의로 여기셨다는 말씀이 이루어졌고 그는 하나님의 벗이라 칭함을 받았나니(약 2:23).

사람이 자기의 친구와 이야기함 같이 여호와께서는 모세와 대면하여 말씀하시며(출 33:11).

여호와의 친밀하심이 그를 경외하는 자들에게 있음이여 그의 언약을 그들에게 보이시리로다(시 25:14).

하나님의 친구에게는 두 가지 특별한 것이 있다. 하나는 하나님의 시대적인 특별한 목적을 위해 쓰신다. 다른 하나는 친구 된 자에게 그분의 계획을 알리신다. 하나님께서 모세와 "대면하여 명백히 말하고 은밀한 말로 아니하며"(민 12:8)라고 하셨다. 하나님께서 다윗에 대하여 "내가 이새의 아들 다윗을 만나니 내 마음에 맞는 사람이라 내 뜻을 다 이루리라"(행 13:22)고 하셨다. 하나님과의 친밀한 교제의 길은 모두에게 열려 있다. 주님은 "너희는 내가 명하는 대로 행하면 곧 나의 친구라 이제부터는 너희를 종이라 하지 아니하리니 종은 주인이 하는 것을 알지 못함이라 너희를 친구라 하였노니 내가 내 아버지께 들은 것을 다 너희에게 알게 하였음이라"(요 15:14-15)고 하셨다.

다가온 마지막 대부흥과 대추수에 쓰임받으려면, 하나님과의 친밀한 관계 안으로 속히 들어가야 한다. 이제는 종이 아니라 친구가 되어야 한다. 주님을 얼굴과 얼굴로 대면해야 한다. 그분의 음성을 들어야 한다. 그래야 시대적인 주님의 비밀하신 계획과 역사에 동참할 수 있다. 전쟁에서 지휘관들이 작전 계획을 미리 아는 것처럼 말이다. 그리고 안식해야 한다. 그래야 주님과의 친밀함 안으로 들어갈 수 있고, 주님의 음성을 들을 수 있다.

"나는 너를 가르치기 전에 네가 먼저 나에게로 와서 구하기까지 기다리는 네 하나님이다. 네가 나를 위하여 아무것도 하지 않을 그 장소에 올 때, 내가 너를 통해 하기 원하는 그 일을 네가 기쁘게 하게 될 것이다. 너의 마음이 지금 갈급해졌으니 이제 나의 뜻에 모든 생각을 맡겨라. 내 안에서 쉬라. 나를 신뢰하라. 너의 모든 염려를 다 내게 맡겨라. 그리하면 너의 마음과 삶이 자유를 얻고 온전해지고 충만해지리라.

성령의 기름 부음을 사모하라. 내가 너에게 신선한 기름, 능력의 기름을 부어 주리라. 나의 앞에 안식하는 시간은 나를 아는 시간이다. 내가 너에게 나를 계시하는 시간이다. 나는 너를 이름으로 안다. 이제 네가 나를 온전히 알기를 원한다. 성소로 들어오라. 지성소로 들어오라. 거룩한 곳에 서라. 지금이 너를 향한 나의 온전한 계획을 나타낼 바로 그때다. 내가 너를 쓸 것이다."

날아야 한다

주님을 사랑하는 이들이 믿음의 경주에서 걷다 지쳐 주저앉아 있다. 뛰던 사람도 쓰러지고 있다. 전쟁에서 가장 강력한 말을 탄 사람도 강과 산 앞에서 더는 달리지 못하고 있다. 말은 거대한 힘, 하나님의 가능성, 온유하고 절제된 능력, 전쟁에 능함을 상징한다. 마지막 때 영적 전쟁에서 승리하기 위해서는 반드시 날아야 한다. 그것도 독수리 날개 치며 올라가는 상승을 넘어 전투기가 비상하듯 날아야 한다. 수직으로 날아올라 대기권을 뚫는 로켓처럼 삼층천을 향해 올라가야 한다. 천사들이 도울 것이다. 꿈에 나는 것은 성령의 강력한 능력으로 사역하는 것을 의미한다. 꿈에 많이 날아 익숙해지고, 고도를 높여 나는 영적 경험을 많이 해야 한다. 처음에는 오리처럼 뒤뚱뒤뚱, 닭처럼 파닥거리다 점점 전깃줄 위로, 그다음에는 언덕 위로, 산 위로, 높은 절벽 위로, 그리고 산과 계곡을 따라 독수리처럼 자유롭게 날고, 어느 순간 가장 높은 고공 폭격기처럼 날고, 조종사가 탈출 버튼을 눌러 공중으로 치솟고, 로켓처럼 대기권을 뚫고 한순간에 우주 공간을 떠다니며 지구를 내려다보고, 내 영이 하나님의 보좌가 있는 삼층천까지 올라가는 경험을 하게 된다. 나는 경험은 주님을 사모함에서 시작된다. 주님과 하늘의 것들을 사모하고, 하늘의 것을 찾고, 하나님의 영광을 추구하는 경배를 통해 나는 고도가 높아지는 것이다. 그것이 점진적으로 꿈에 나타나게 된다. 관건은 지속적이고 중단 없는 주님과의 교제다. 주님의 얼굴과 그분의 영광을 구하는 것이다.

꿈에서 나는 것은 영광의 능력에서 역사하는 것이다. 마지막 대부흥은 하나님의 영광이 물이 바다를 덮는 것같이 온 세상을 덮는 영광의 부흥이다. 나는 것은 영광의 영역, 지성소의 영역, 영적 영역에서 능력으로 사역하는 것이다. 이는 성령의 음성을 듣고, 성령의 인도를 받고, 성령의 능력으로 사역하는 것이다.

LA로 나오기 전, 파사데나에서 3년간 밤낮으로 하나님 앞에 앉아 있을 때다. 꿈에 LA 그리피스 산 위를 날고 있었다. 어느 집과 전봇대에 불이 났다. 산과 나무에도 불이 붙고 곳곳에 불이 났다. 소방차가 냇가에 호스를 대고 두 소방관이 연신 물을 뿜어 대고 있었다. 그들 위를 날면서 그들이 하는 소리를 들었다. "이번에 이 불은 우리가 끌 수 없다(This Time we can't put this fire off)." 산 전체에 검은 연기와 불이 가득하였다.

불은 하나님의 임재와 능력과 부흥을 상징한다. 캘리포니아는 아주사 부흥 100여년 이후 전무후무한, 그것도 주님이 오시기 전까지 중단하지 않을 예언의 약속이 주어졌다. 이제 그 부흥의 불이 붙은 것이다. 그 위를 날아서 평지로 내려오니 경마장에서 말을 타고 빠르게 질주하는 사람이 일직선으로 달려오고 있었다. 그 사람의 얼굴을 보고 깜짝 놀랐다. 바로 나였다. 경주하듯 말을 잘 타는 나를 보게 하셨다. 그러나 아무리 잘 달려도 트랙만 돌고 있었다. 제도권이나 어떤 교단이나 정해진 틀 안에서 다른 사람들과 경쟁하는 것이다. 계속 날아 오른쪽 평지에 도달하니 양반다리로 앉은 승려가 사람들에게 설법하고 있었다. 승려의 머리 위를 스치며 날면서 '하나님의 능력'이라고 외치고 공중으로 치솟아 오르다가 꿈을 깼다.

2014년 1월에 캄보디아 집회를 마치고 돌아오는 길에 한국 집회가 예정되어 있었다. 그래서 어머니 댁에서 하룻저녁 묵게 되었고 꿈을 꾸었다. 캄캄한 밤하늘에 높이 뜬 전투기를 조종하고 있었다. 갑자기 조종석 탈출 버튼을 눌렀는데, 순식간에 수직으로 치솟아 올라가 대기권 밖으로 나갔다. 우주의 별들이 보이고 나는 지구를 내려다보고 있었다. 그동안의 경험을 넘어서서 비상하는 영적 경험을 한 것이다.

집회한 교회에서 한 자매(20세)의 마비된 오른쪽 다리가 풀리고 비틀어진 왼쪽 다리가 바르게 되는 기적이 나타났다. 날고 비상하는 영적 경험이 사역 현장에서 실제적인 하나님의 능력으로 나타난 것이다. 다가온 대부흥과 대추수에 쓰임받기 위해서는 반드시 날아야 한다. 이는 성령의 능력 안에서 강력한 치유와 이적과 기사로 사역하는 것이다. 나는 데는 장애물도 필요한 것도 없다. 오직 날개만 있으면 된다. 오늘도 나는 주님을 앙망한다. 주님을 바라본다. 주님을 찬양하고 경배한다. 내 영은 독수리처럼 날개 치며 올라갈 것이다. 하나님께서 내 영을 드시니 홀연히 천사들 같이 시공을 초월하여 영광의 영역, 주님의 보좌 앞에 이른다.

> 오직 여호와를 앙망하는 자는 새 힘을 얻으리니 독수리가 날개치며 올라감 같을 것이요 달음박질하여도 곤비하지 아니하겠고 걸어가도 피곤하지 아니하리로다(사 40:31).

> 그가 손 같은 것을 펴서 내 머리털 한 모숨을 잡으며 주의 영이 나를 들어 천지 사이로 올리시고 하나님의 환상 가운데에 나를 이끌어 예루살렘으로 가서 안뜰로 들어가는 북향한 문에 이르시니 거기에는 질투의 우상 곧 질투를 일어나게 하는 우상의 자리가 있는 곳이라 이스라엘 하나님의 영광이 거기에 있는데 내가 들에서 본 모습과 같더라(겔 8:3-4).

> 이 일 후에 내가 보니 하늘에 열린 문이 있는데 내가 들은 바 처음에 내게 말하던 나팔 소리 같은 그 음성이 이르되 이리로 올라오라 이 후에 마땅히 일어날 일들을 내가 네게 보이리라 하시더라(계 4:1).

나는 것은 능력으로 역사하는 것이다

어느 날 아침, 내 영이 "나는 것은 찬양하는 것입니다. 나는 것은 능력으로 역사하는 것입니다"라고 하였다. 지난밤 소드(비밀) 성경 공부를 녹화하고 늦게 잤는데 모처럼 푹 잤다. 하나님이 주시는 꿈은 주로 깊은 잠을 잘 때 온다. 육신과 혼(정신, 생각)이 깊이 잘 때, 자지 않는 나의 영에 주시는 하나님의 언어이기 때문이다.

줄거리와 상징들이 나오는 꿈보다 스토리는 기억나지 않고 단어나 문장이 주어지면, 해석할 필요가 없는 요점을 전달해 주시는 것으로 더욱 확실하다. 그것도 반복적 병행적으로 주시면 나의 영에 각인되고, 그것은 나뿐만 아니라 모든 주님의 사람들에게 주시는 동일한 영적 원리임을 알게 하셨다. 오늘 아침에 들려온 이 말씀은 오래전에 가르쳐 주셔서 이미 알고 있는 말씀이다.

첫째, 나는 것은 기도하는 것이 아니라 찬양하는 것이다.

둘째, 나는 것은 하나님의 능력으로 역사하는 것이다. 그럼에도 불구하고 이 말씀을 주신 이유가 무엇일까? 다시 한번 기억하고 그것을 실행하고 가르치라는 것이다.

실로 나는 것은 하나님을 찬양하는 것이다. 걷는 것은 기도하는 것이고 뛰는 것은 간구이고, 나는 것은 하나님을 찬양하는 것이다. 내가 소원하는 것을 기도하고 어떤 문제에 대한 소원을 간절히 구하면서도 때로 앞을 가로막고 있는 장벽 때문에 나아가지 못하고 좌절하고 낙심할 수 있다. 그러나 하나님을 찬양하면 날 수 있다. 그러면 가로막는 것이 없다. 장벽 위로, 문제 위로 날기 때문이다. 우리는 상황과 관계없이 언제나 하나님을 찬양해야 한다. 우리는 그분을 찬양하기 위해 지음받았고, 그분은 찬양받으시기에 합당하고 전능하신 하나님이시기 때문이다. 그분은 선하시며 인자하시고 그분의 사랑은 영원하기 때문이다. 하나님을 사랑하는 자 곧 그 뜻대로 부르심을 입은 자들에게는 모든 것이 합력하여 선을 이루시기 때문이다(롬 8:28). 신앙의 경주 중에 반환점을 도는 자는 낙심이 없다.

소년이라도 피곤하며 곤비하며 장정이라도 넘어지며 쓰러지되 오직 여호와를 앙망하는 자는 새 힘을 얻으리니 독수리가 날개치며 올라감 같을 것이요 달음박질하여도 곤비하지 아니하겠고 걸어가도 피곤하지 아니하리로다(사 40:30-31).

나의 생전에 여호와를 찬양하며 나의 평생에 내 하나님을 찬송하리로(시 146:2).

그러므로 기도할 때 장애물이 가로막고 있다고 주저앉아 실망하거나 낙심하지 말자. 날 수 있고 찬양할 수 있다. 그러면 어느새 문제 위로 날고 있는 자신을 발견할 것이다. 염려 대신 평안이, 낙심 대신 기쁨이 찾아올 것이다. 여호와를 기뻐하는 것이 우리의 힘이 되기 때문이다(느 8:10).

실로 나는 것은 하나님의 능력으로 역사하는 것이다. 지금은 열심히 기도하여 능력을 받아 역사하는 성소 너머, 자신의 삶 전체를 하나님께 굴복시켜 그분의 능력의 통로가 되어야 할 마지막 지성소 시대, 영광의 영역의 때다. 이를 위해 가장 중요한 것은 자아의 죽음을 통한 정결과 거룩함의 통로가 되어야 한다. 이는 하나님이 하나님 되심을 창조적인 기적으로 나타내실 마지막 역사를 위한 영광의 집이 되는 것이다. 마지막 때에는 오직 거룩한 자들만 주와 함께할 것이다(슥 14:5). 이는 하나님 손의 역사와 천사들이 전할 영원한 복음의 동역자로서 마지막 열방 추수를 위한 영광의 부흥에 참예할 자들의 자격 요건이다. 회복된 그리스도의 몸, 신부의

교회 된 자들이다. 하나님의 불-하나님의 영광-하나님의 능력이
다. 이를 위해 자기 몸을 하나님이 받으시는 거룩한 산 제물로 드
리고, 하나님 보좌 앞의 숯불에 태워지고, 하나님 영광의 무거운
임재 안에 녹아지고 그분의 아름다움을 맛봄으로 세상 어떤 유혹
도 넘볼 수 없고, 어떤 대적도 감히 정복할 수 없는 이기는 자의 군
대가 되는 것이다.

하나님의 영적 장군들

하나님께서는 마지막 때에 그분의 세계적 영적 장군들을 일으
키시고 이 장군들을 하나님의 전략 회의에 참여시킨다. 여기에는
목회자와 평신도의 구분이 없다. 우리가 있는 시간과 때, 그리고
시즌을 아는 것이 무엇보다 중요하다. 이제 하늘의 뜻이 하늘에서
이루어진 것같이 땅에서도 이루어질 것이다. 하나님은 우리의 끝
을 아신다. 어떤 어려움과 이해할 수 없는 상황이 우리 앞에 놓여
있어도 기도하고 찬미하고 경배하고 복종하여 우리의 삶 가운데
그분의 뜻이 이루어질 공간을 만들어야 한다. 하나님은 위대하고
좋으신 분이다. 그분은 유능한 총지휘관이다. 그동안이 거름을
주는 기간이었다면, 이제 꽃을 피워야 할 때다. 일어나 빛을 발할
때다. 찬미할 때다. 이제 모든 성도가 초자연적인 역사를 행할 것
이다. 길거리와 시장에서 하나님의 능력으로 치유하고 기적을 행
할 것이다. 성도가 24시간 7일 교회가 될 것이다. 어린이를 포함
하여 모든 연령의 성도들이 그리스도의 사역자로 쓰임받게 될 것

이다.

이를 위해 하나님의 영적 장군들을 부르시고 훈련하시는 것이다. 강력한 사역자들은 성도들이 그리스도의 왕국을 나타내도록 준비시킬 것이다. 이제 그분의 회복되는 교회가 인류를 향한 하나님의 창조적 명령인 모든 것을 다스리고 하나님 나라를 가져오게 될 것이다. 이를 위해 하나님께서 초자연적인 은혜와 능력을 풀어 놓으신다. 하나님 나라를 나타내기 원하는 자들에게 하나님 나라의 부유를 베푸셔서 온 세상을 향한 하나님의 목적을 성취하도록 할 것이다. 하나님의 영적 장군들은 주님의 군대를 훈련할 것이다. 대장의 명령을 듣고 순종하는 일이 기본인 군대다. 그들은 주님의 음성을 듣고 순종할 것이다.

군대를 만드는 과정은 네 단계이다. 첫 번째, 동원, 두 번째, 훈련, 세 번째, 갖춤, 네 번째, 배치다. 하나님의 군대는 의롭고 정결한 신부의 군대다. 그러므로 우리 안에 어떤 흑암의 흔적도 남지 않도록 정결해야 한다. 영적 성장과 성숙의 단계로 인도되기 위해서는 온전히 깨끗해져야 한다.

하나님은 빛이시라 그에게는 어둠이 조금도 없으시다(요일 1:5).

하나님이여 내 속에 정한 마음을 창조하시고 내 안에 정직한 영을 새롭게 하소서(시 51:10).

'우리를 그리스도의 형상으로 빚으소서! 아버지의 온전함 같이 온전하게 하소서!'(마 5:48) 이것이 우리의 기도가 되어야 한다. 우리는 하나님의 아들과 딸이요, 이기는 자요, 하나님의 챔피언이다. 우리에게 마지막 때에 만국을 다스리는 권세를 주시고, 그분이 철장을 가지고 만국을 다스려 질그릇 깨뜨리는 것과 같이 할 것이다(계 2:26-27). 이제 세상을 깜짝 놀라게 할 하나님의 권능으로 불치병과 희소병, 그리고 전신마비를 치유하고 죽은 자를 일으킬 하나님의 영적 장군들이 세상에 드러날 것이다. 그들은 엘리야의 영으로 역사하며, 자녀들과 청년 세대들을 하나님의 이기는 자의 군대로 훈련할 것이다. 우리는 세상을 복음으로 정복하라는 하늘과 땅의 모든 권세를 가지신 주님의 선교 대명령을 받았다.

> 예수께서 나아와 말씀하여 이르시되 하늘과 땅의 모든 권세를 내게 주셨으니 그러므로 너희는 가서 모든 민족을 제자로 삼아 아버지와 아들과 성령의 이름으로 세례를 베풀고 내가 너희에게 분부한 모든 것을 가르쳐 지키게 하라 볼지어다 내가 세상 끝날까지 너희와 항상 함께 있으리라 하시니라(마 28:18-20).

> 내가 진실로 진실로 너희에게 이르노니 나를 믿는 자는 내가 하는 일을 그도 할 것이요 또한 그보다 큰 일도 하리니 이는 내가 아버지께로 감이라(요 14:12).

이제 세상 나라가 우리 주와 그리스도의 나라가 되어 그분이 세세토록 왕 노릇 하실 것이다(계 11:15). 성경에 나타난 위대한 인물들과 근세기에 하나님 앞에 귀히 쓰인 영적 장군들도 우리와 같은 사람들이었다. 야고보 사도는 엘리야가 우리와 성정이 같은 사람이라고 했다(약 5:17). 베드로와 요한이 성전 미문에 앉은 앉은뱅이를 고친 후, 사람들이 그들에게 큰 관심을 보이자 베드로는 다음과 같이 말했다.

> 이스라엘 사람들아 이 일을 왜 놀랍게 여기느냐 우리 개인의 권능과 경건으로 이 사람을 걷게 한 것처럼 왜 우리를 주목하느냐 아브라함과 이삭과 야곱의 하나님 곧 우리 조상의 하나님이 그의 종 예수를 영화롭게 하셨느니라 너희가 그를 넘겨 주고 빌라도가 놓아 주기로 결의한 것을 너희가 그 앞에서 거부하였으니. 그 이름을 믿으므로 그 이름이 너희가 보고 아는 이 사람을 성하게 하였나니 예수로 말미암아 난 믿음이 너희 모든 사람 앞에서 이같이 완전히 낫게 하였느니라(행 3:12-13, 16).

근세기 영적 장군들인 조나단 에드워드, 찰스 피니, D. L. 무디, 윌리엄 시무어, 스미스 위글스워스, 잔 G. 레이크 등도 우리와 같은 사람이지만, 그들의 믿음과 하나님께 받은 능력으로 시대적 부흥을 일으키며 각종 질병을 고치며 죽은 자를 살리며 이적과 기적으로 수많은 영혼을 구원하고 하나님 나라를 이 땅에 확장했다. 지금은 요엘 선지자가 예언한 대로 남종과 여종들, 그리고 모든 육체에 하나님의 신을 부어 주시는 마지막 때다(욜 2:28-29). "오직 성령이 임하시면 너희가 권능을 받고"(행 1:8)라고 하였다.

하나님의 권능을 받은 자가 하나님의 장군이다.

하나님 믿음의 훈련을 통과하는 자가 하나님의 장군이다.

하나님의 순종 훈련에 합격하는 자가 하나님의 장군이다.

하나님의 인내 훈련을 끝까지 견뎌내는 자가 하나님의 장군이다.

하나님의 정결 훈련에 합당한 자가 하나님의 장군이다.

그들과 그들을 통해 준비되는 자들은 이제 하나님이 부흥을 가져오는 마지막 추수의 부흥에 세계적으로 쓰임받게 될 것이다. 또한 하나님의 마지막 운동을 위해 오랜 기간 준비된 장군들은 사도와 선지자로의 직임으로 인도될 것이다. 그들은 정화되고 깨어진 자들이며, 하나님의 불과 영광을 경험한 자들로서 초자연적인 지혜와 믿음으로 일하도록 훈련되었다. 그들은 초대교회 사도들처럼 초자연적인 영역에서 하나님의 계획과 목적들을 보고 들음을 통해 하나님의 마지막 부흥의 군대를 일으킬 자들이다. 이제 그들의 지혜와 믿음이 확대됨에 따라, 하나님의 정하신 시간에 그들에게 사도적 재정이 제공될 것이다. 하나님의 군대를 동원하고 훈련하여 파송하기 위함이다. 하나님의 계획과 그분의 마음에 일치하는 영적 지도자들에게 세상이 놀라는 표적과 기사를 행하는 초자연적인 능력이 주어질 것이다. 그들은 그리스도의 몸을 연합하고 동원하며, 마지막 열방 추수의 군대를 일으킬 것이다.

다른 한 부류의 장군들은 예언의 직무와 예언적 역할에서 하나님의 비전을 전하고, 그들의 특출한 은사들로 하나님의 음성을 들을 수 있는 예언적 백성을 준비시킬 선지자들이다. 그들은 거룩함과 하나님의 얼굴을 구하는 삶의 표본을 통해 하나님의 백성을 헌신의 자리로 불러내고, 그들에게 생명을 불어넣음으로 현재 상황과 좌절을 넘어 승리의 약속을 보게 할 것이다. 그들은 하나님의 귀중한 보석으로 교회의 예언적 사역을 약화하고 미혹의 영과 불법의 비밀로 하나님의 구원 역사를 방해하는 원수의 음모와 계획을 파쇄하는 하나님의 입과 눈과 귀가 될 것이다. 그들은 하나님의 비밀이요, 전략적인 무기로 사용될 것이다. 하나님의 영적 장군들이 마지막 열방 추수 최전선에 서고, 그들을 통해 동원되고 훈련된 군대가 일어나면, 초대교회 때처럼 거리와 시장과 세상에서 빈번하게 나타날 치유와 이적과 기사들을 통해 많은 사람이 구출되고 해방될 것이다. 이는 교회 시대의 끝에 나타날 신선한 성령의 바람과 온 세상을 덮을 하나님 영광의 현현을 통한 마지막 추수가 될 것이다.

> 그가 어떤 사람은 사도로, 어떤 사람은 선지자로, 어떤 사람은 복음 전하는 자로, 어떤 사람은 목사와 교사로 삼으셨으니 이는 성도를 온전하게 하여 봉사의 일을 하게 하며 그리스도의 몸을 세우려 하심이라(엡 4:11-12).

하나님의 영적 장군 훈련

하나님께서 다음 세대에 그분의 장군들을 세우실 것이다. 그들을 통해 한국을 뛰어넘을 역사를 일으키실 것이다. 작은 일에 신실하고 충성하면, 하나님께서 큰일을 맡기실 것이다. 작은 일에 충실했기 때문에 때가 되면 높이시는 것이다. 요셉은 보디발의 집에서도 감옥에서도 신실하였고 맡은 직무에 충성을 다하였다. 결국 그는 하룻밤 사이에 바로 왕의 부름을 받아 애굽을 관할하는 총리대신이 되었다. 다윗도 그러하였다. 그는 아버지 이새의 양떼를 잘 돌보았다. 골리앗을 물리치고 수금을 타는 데도 충실하여 하나님의 감동이 임하였다. 비록 사울에게 쫓겨 다니며 온갖 수모를 당했어도 끝까지 하나님 앞에서 신실했던 다윗은 세 번이나 기름 부음을 받고 유대와 이스라엘 통일 왕국의 왕이 되었다.

이들의 공통점은 하나님께 시대적인 비전을 받았지만, 상황은 오히려 갈수록 어려웠다는 것이다. 요셉은 형들에게 팔려 보디발의 종이 되었고 죄 없는 죄수가 되었다. 다윗은 사울의 칼날을 피해 내려갔다가 블레셋 왕 아비멜렉 앞에서 미친 척까지 하는 신세가 되었다. 그는 사망의 음침한 골짜기를 다녔다고 고백하였다. 나중에 하나님이 높이신 이들의 공통점은 하나님의 약속과 현실의 간격이 하늘과 땅처럼 멀어졌을 때도 하나님을 원망하지 않고 자신들이 처한 위치에서 최선을 다하고 신실함으로 그 연단을 이겨냈다는 것이다. 다윗은 고난 속에서도 여호와가 목자 되심을 고백하였고 하나님을 광대하다고 찬송하였다.

여호와는 나의 목자시니 내가 부족함이 없으리로다(시 23:1).

주를 찾는 자는 다 주 안에서 즐거워하고 기뻐하게 하시며 주의 구원을 사랑하는 자는 항상 말하기를 여호와는 위대하시다 하게 하소서
(시 40:16).

요셉은 형들 앞에서 고난의 세월을 원망하지 않았고 하나님의 선하심을 증언하였다.

당신들은 나를 해하려 하였으나 하나님은 그것을 선으로 바꾸사 오늘과 같이 많은 백성의 생명을 구원하게 하시려 하셨나니(창 50:20).

1차 세계 대전에 참전한 미국의 퍼싱은 39세의 하급 장교였다. 퍼싱보다 나이가 적은 사람이 소속된 군대의 장군이었다. 그는 다른 군인들이 정치력으로 높아지고 출세할 때도 낙심하지 않고, 최상의 군인이 되겠다고 결심하였다. 필리핀에서 근무할 때는 쉬는 시간에 필리핀 문화를 공부하였다. 이같이 진정으로 충실한 사람은 결코 시간을 허비하지 않는다. 나중에 한 계급 진급했지만 여전히 하급 장교였다. 당시 그의 지휘관이었던 루스벨트가 대통령이 되자 그를 기억하고 전격적으로 장군으로 진급시켰다. 그리고 그 다음 해 전군의 대장이 되었다. 하나님의 영적 장군들도 하나님께서 이렇게 훈련하신다. 오직 신실하고 충성되면 하나님께서 큰일을 맡기실 것이다.

그 주인이 이르되 잘하였도다 착하고 충성된 종아 네가 적은 일에 충성하였으매 내가 많은 것을 네게 맡기리니 네 주인의 즐거움에 참여할지어다(마 25:21).

무릇 높이는 일이 동쪽에서나 서쪽에서 말미암지 아니하며 남쪽에서도 말미암지 아니하고 오직 재판장이신 하나님이 이를 낮추시고 저를 높이시느니라(시 75:6-7).

전무후무한 부흥에 참여할 것이다

2020년 3월 8일 서머 타임이 시작되는 아침에 "전무후무한 부흥에 참여할 것이다!"라는 음성이 들려왔다. 한 번도 경험하지 못한, 한 번도 세상이 보지 못한 일들이 일어나고 준비된 자들은 하나님의 운동에 쓰임받게 될 것이라는 감동이 연이어 왔다. 그리고 그 주간부터 미국에 전무후무한 코로나 팬데믹이 시작되었고 우리는 2년째 심각한 상황 속에서 살고 있다. 노인부터 어린아이들까지 마스크를 쓰고, 반강제적으로 백신을 맞아야 하고, 여행을 비롯한 일상의 자유가 통제되는 현실을 겪고 있다. 하버드대 교수는 전 세계 인구의 40퍼센트가 코로나19 바이러스에 감염될 수 있다고 예측하였다. 전 세계가 전염병 재난을 겪고 있다. 그럼에도 불구하고 성경의 예언은 성취되고, 역사의 주관자이신 하나님의 끝날 부흥의 약속은 시작되었다.

미국 NBA 결승에서 캔자스 시티 치프스(Kansas City Chief)가 우승하면 끝날 부흥이 시작된다는 예언이 1970년 제4회 슈퍼볼 우승 후, 50년이 지난 2020년 1월에 우승함으로 성취되었다. 2019년 마지막 주간에 하리운을 위해 기도했을 때, "지금까지가 준비였다. 거룩이 표준이기에 그렇다"라는 예언의 음성을 주셨다. 이것은 마지막 하나님 영광의 부흥의 시작을 알리는 사인이었다.

내가 할 수 있고, 이룰 수 있는 일이 없어도 "통로가 되는 것이다!" 하신 것처럼, 나를 포기하고 하나님 영광의 통로가 되기 위해 준비하게 하신 것이다. 이를 위한 인내를 요구하신 것이다. 그런데 이제 "전무후무한 부흥에 참여할 것이다!"라고 하셨다. 지금은 한국도, 미국도, 전 세계도 좋은 소식보다 걱정되고 두려운 소식들만 들려오는 상황이다. 하나님의 음성은 종종 물줄기 흐르듯 들려온다. 소낙비가 세차게 내린 후에도 간간히 가랑비가 내리듯, 큰 지진 후에 여러 차례 여진이 있듯, 한 문장이 크게 들려온 후에 그 내용을 보충 설명하듯이 연관된 음성들이 따라 온다.

"한 번도 보지도 듣지도 못한 부흥일 것이다. 생각지도 못한 상상 이상의 일을 경험하게 될 것이다. 그것을 위해 지금까지의 과정이 요구되었다. 그것 때문에 인내하게 했다. 그 일에 참여하기 위해 본격적인 부흥과 약속의 성취가 더디 오는 것처럼 느껴져 그만두고 싶을 때가 한두 번이 아니었지만, 그만두지 못하게 내가 간섭하였다. 그리고 너만이 아니라 너와 함께 준비되는 모든 자가 그 역사에 동참하게 될 것이다."

1906년 4월 9일에 현대판 오순절이라는 아주사에 부흥의 불이 떨어져 한참 절정에 이를 1909년에 그 부흥의 주역이었던 윌리엄 시무어와 찰스 파함 목사에게 들려온 동일한 주님의 음성이 "백여 년 후에 전무후무한 부흥이 일어날 것이다!"였다. 그 110년이 지났다. 걱정스러운 소식들이 계속 들려오는 가운데도 이날 아침 들려온 "전무후무한 부흥에 참여할 것이다!"라는 음성을 소망적으로 전하고 싶다. 그리고 그 이전에 "너는 캘리포니아 부흥의 한 부분이 될 것이다"라는 예언이 있었다.

"한꺼번에 부흥이 올 것이다!" 하신 말씀에 대한 재확증이기도 하다. 하나님의 약속을 믿고 물이 바다 덮음 같이 여호와의 영광이 온 세상을 덮을 끝날 부흥의 통로가 되고 주체자로 준비되는 자들이 이 역사의 주역이 될 것이다. 그러한 사실이 믿어지고 그것에 자신의 믿음과 확신이 서는 자는 마지막 전무후무한 하나님 부흥의 역사를 위해 함께 쓰임받게 될 것이다. 마지막 물이 바다를 덮음 같이 온 세상에 가득할 영광의 부흥과 열방 추수의 약속을 믿고 준비하는 자들 모두에게 주시는 음성이다.

제
5
부

내가 거룩하니
너희도 거룩하라

Make it
markedly
different

세 종류의 사람

남녀노소, 인종 불문, 종교 불문, 국적 불문하고 세 종류의 사람이 있다. 하나님을 알지 못하고 하나님을 영화롭게 하지 않는 세상 사람들, 하나님을 알면서도 하나님과 세상을 겸하여 섬기는 사람들, 오직 하나님 나라와 그분의 영광을 위해 사는 사람들이다.

첫째, 하나님을 알지 못하고 하나님을 영화롭게 하지 않는 세상 사람들이다. 종교가 없거나 다른 종교를 가진 사람들이다. 아무리 지위가 높고, 부하고, 총명하며, 선량해도 어디에서 와서 어디로 가는지 알지 못하는 허망한 자들이다. 로마서 1장 21절에 "하나님을 알되 하나님을 영화롭게도 아니하며 감사하지도 아니하고 오히려 그 생각이 허망하여지며 미련한 마음이 어두워졌나니"라고 하였다. 그들은 아담의 타락한 본성에서 나오는 죄로 인해 "온갖 불의, 추악, 탐욕, 악의, 시기, 살인, 분쟁, 사기, 악독, 수군수군하는 자, 비방하는 자, 증오하는 자, 교만, 능욕, 악을 도모하는 자, 부모를 거역하는 자, 우매한 자, 배역하는 자, 무정한 자, 무자비한 자"(롬 1:28-31)로 살면서 하나님을 부인하는 자들이다. 그들의 최대 관심은 자신과 자기 자녀들에게 있고, 육에 속한 세상에서 잘되고 형통하며 건강한 데 있다. 존귀한 하나님의 형상으로 태어났지만, 하나님에 대해서도, 영원한 세상에 대해서도 알지 못하는 멸망하는 짐승과 같은 불쌍한 영혼들이다.

사람은 존귀하나 장구하지 못함이여 멸망하는 짐승 같도다(시 49:12).

이들은 이방인의 뜰에 머무는 자들이요, 성소의 뜰(회개)로 이끌어 와야 할 자들이다. 하나님은 모든 사람을 사랑하신다(요 3:16). 그들을 구원하기 위해 아들을 보내셨고(요 3:16), 먼저 구속받은 우리를 땅끝까지 복음의 증인으로 부르셨고 파송하신다(행 1:8).

둘째, 하나님을 알면서도 하나님과 세상을 겸하여 섬김으로 하나님께 영광을 돌리지 못하는 자들이다. 이들은 애굽에서 구출되고 종의 신분에서 해방된 하나님의 백성이다. 그런데도 아직도 '두 마음을 품고' 광야에서 방황하는 자들이다. 하나님과 언약을 맺은 백성으로서 하나님만 섬겨야 하는데 육신에 속한 죄성이 죽지 않아 하나님을 믿으면서도 하나님께 순종하지 않고, 하나님과 세상을 겸하여 섬기는 자들이다. 이들은 대부분이 죄 사함의 물세례와 성령세례를 받았지만, 죄에 속한 사망의 법을 이기지 못해 하나님의 법을 온전히 따르지 못하고 죄의 법을 따르며 산다(롬 7:17-25). 이들에게 제일 필요한 것은 자기 뜻을 굴복시키는 자아 부인과 자아 죽음의 과정이다. 이를 세분하면, 자아 부인, 자아 포기, 자아 굴복, 자아 죽음의 과정이다. 바울 사도의 고백처럼 "오호라 나는 곤고한 사람이로다 이 사망의 몸에서 누가 나를 건져내랴"(롬 7:24)

라는 아직도 죽지 않은 자아의 혼적 갈등이 있다. 하나님을 아는 것을 대적하여 높아진 자기 생각의 견고함이 가로막고 있다(고후 10:5). 반드시 넘어야 할 자아 죽음과 생명의 성령의 법을 따르며 하나님만을 사랑해야 할 영적 훈련의 여정 가운데 수많은 사람이 자아 죽음과 죄의 법을 정복하지 못하고, 요단강을 건너지 못하고 광야를 헤매고 있다.

이는 열 정탐꾼이 하나님의 약속을 믿지 못해 이스라엘 백성이 가나안으로 들어가지 못하고 광야에서 쓰러진 것과 같다. 결국 양심과 타협하고 자기 합리화를 통해 주님과 친밀함이 없는 교회생활을 하고 있다. 이는 뜰(회개)을 상징하는 세상을 떠나 성소를 상징하는 교회로 들어왔으나, 다시 세상으로 나가 다시 뜰(회개)을 거쳐 성소로 들어오고 나가는 전철을 되풀이하고 있다. 그리고 대다수가 더이상 회개가 없는 종교생활에 머물고 있다. 그들은 자신을 향한 부르심의 궁극적인 목적을 발견하지 못하고, 하나님을 온전히 영화롭게 하지 못하고 있다. 그들 대부분은 궁극적인 사명을 발견하지 못하고 일반적인 사명의 범주에 머물러 있다. 자기 굴복이 없어서 하나님께로 오는 비전을 받지 못했기 때문이다. 궁극적인 사명은 하나님으로부터 오는 비전과 음성에서 시작된다.

내가 누구를 보내며 누가 우리를 위하여 갈꼬(사 6:8).

주께서 이르시되 가라 이 사람은 내 이름을 이방인과 임금들과 이스라엘 자손들에게 전하기 위하여 택한 나의 그릇이라(행 9:15).

셋째, 오직 하나님 나라와 그분의 영광을 위해 사는 자들이다. 이들은 거듭나고 자아가 굴복되고, 죄와 사망의 법에서 해방되었고(롬 8:2) 죄에 대해 죽고 의에 대해 사는(벧전 2:24), 하나님의 영으로 인도받는 하나님의 아들들이다(롬 8:14). 이들은 여호수아와 갈렙같이 하나님과 그분의 약속을 온전히 믿고 순종하는 하나님 약속의 성취 안으로 들어가는 자들이다. 애굽에서 나와 광야를 통과한 자들로 다음 세대를 이끌 영적 장군들이다. 그들은 완전한 믿음, 즉각적인 순종, 온전한 희생, 오래 참는 인내의 과정을 견디고 통과한 남은 자들이며 '감히 정복할 수 없는' 이기는 자의 표상이다. 그들은 삶의 목표와 방향을 던져 버렸고, 하나님이 부르신 궁극적 사명과 비전을 위해 자기의 삶과 생명까지 바친 자들이다. 먼저 하나님 나라와 그분의 의를 구하는 자들이며, 하나님을 영화롭게 하며 영원토록 기쁘시게 하고 그분에게 영광을 돌리며 사는 사람들이다(고후 1:20).

"우리가 알거니와 하나님을 사랑하는 자 곧 그의 뜻대로 부르심을 입은 자들에게는 모든 것이 합력하여 선을 이루느니라"(롬 8:28)고 고백하는 자들이며, "내가 달려갈 길과 주 예수께 받은 사명 곧 하나님의 은혜의 복음을 증언하는 일을 마치려 함에는 나의 생명조차 조금도 귀한 것으로 여기지 아니하노라"(행 20:24)의 궁극적 사명에 서 있는 자들이다. 지성소 영광의 영역에 들어가는 왕 같은 제사장(대제사장, 벧전 2:9)이며, 마지막 계시록 시대에 남은 자들을 '감히 정복할 수 없는' 신부의 군대(이기는 자)로 준비시켜 마지막 대부흥과 열방 대추수에 참여할 자들이다. 죄와 싸우되 피 흘리기까지 하는 자들이요, 충성하되 죽기까지 충성하는 자들로서 생명의 면류관이 예비되어 있고, 사령관은 주 예수 그리스도 한 분으로서 승리가 약속되어 있다. 무엇보다도 그들의 삶은 확정되었고, 세상에 대해서는 하나님의 음성을 듣는 선지자들이며, 하나님과의 관계에서는 친교를 가장 중요시하는 하나님의 친구들이다.

이에 성경에 이른 바 아브라함이 하나님을 믿으니 이것을 의로 여기셨다는 말씀이 이루어졌고 그는 하나님의 벗이라 칭함을 받았나니(약 2:23).

너희는 내가 명하는 대로 행하면 곧 나의 친구라(요 15:14).

외로움과 고독

고독을 뜻하는 솔리튜드(Solitude)는 외로움을 통과해야 도달할 수 있다. 외로움은 다른 이들과 같이 있고 싶으면서도 혼자 있는 것이고, 고독은 혼자 있는 그 자체를 원하는 것이다. 내면의 성숙을 위해 외로움과 고독은 꼭 필요하다. 영적 성숙, 주님과의 연합으로 이르는 여정은 외로움과 고독을 선택하여 가는 길이다. 하나님이 준비시키는 성경 시대의 지도자들도 다 이러한 과정을 통과하였다. 요셉, 야곱, 모세, 다윗, 바울 등도 무리에서 분리되어 하나님의 정하신 때를 위해 외로움과 고독의 시간을 보냈다. 그러므로 고독과 외로움은 믿음과 인내를 통해 영적 지도자가 되는 하나님의 방법이다. 고립은 하나님께서 한 시대의 지도자를 세우실 때, 그의 성결과 믿음을 시험하기 위해 통과하게 하는 리더십 개발의

필수 과정이다. 고독은 오직 주님과의 관계로만 이끄셔서 그분과의 친교가 최상의 기쁨이요, 그분과의 친밀함이 모든 사역의 토대가 됨을 깨닫게 하는 수단이다.

한국에서 돌아온 후 에어비앤비를 통해 구한 숙소에서 2주 자가 격리하였다. 한국에서의 격리까지 합하면 24일 동안 혼자 지냈다. 이렇게 긴 시간을 혼자 보내기는 처음이다. 혼자 지내는 나만의 시간에 집중해서 글을 쓰고 말씀을 준비하며 주님의 음성을 듣기 위해 더 깊이 묵상할 수 있었다. 더욱 거룩해졌고 하나님의 마지막 시대적인 운동을 위해 영광과 거룩의 통로로 준비되는 기간이었다.

앞으로 부흥이 본격적으로 시작되어 바쁠 때는 일부러 시간을 내서 한적한 곳에서 며칠씩 머물러야겠다고 생각하였다. 주님도 사람들이 많이 몰려올 때와 큰 사역 후에는 항상 한적한 곳을 택하여 하나님께 기도하셨다.

"새벽 아직도 밝기 전에 예수께서 일어나 나가 한적한 곳으로 가사 거기서 기도하시더니"(막 1:35). 물고기 두 마리와 보리떡 다섯 개로 오천 명을 먹인 표적을 보고 사람들이 하나님이 세상에 보낸 선지자라고 하자 혼자 산으로 가셨다.

그러므로 예수께서 그들이 와서 자기를 억지로 붙들어 임금으로 삼으려는 줄 아시고 다시 혼자 산으로 떠나 가시니라(요 6:15).

혼자 있는 시간을 하나님과 함께하는 시간으로 만들 수 있다면, 하나님의 아름다움과 그분의 영광을 맛보는 최상의 시간이 될 것이다. 세상에서 성공하는 사람들도 사색의 시간을 통해 남이 생각하지 못하는 생각과 도약을 이루어 낸다. 사업가들도 한적한 시간을 통해 아이디어를 얻고, 시인, 소설가, 화가, 작곡가 등 예술가와 발명가들은 혼자 있는 시간에 새로운 것을 창작해 낸다. 그들에게 고독은 외로움이 아니라, 그들이 추구하는 예술과 목표를 이루는 최상의 시간이다. 혼자만의 시간과 장소에서 하나님을 만나고 그분의 세미한 음성을 들으며 친밀해지는 것이다.

> 여호와의 친밀하심이 그를 경외하는 자들에게 있음이여 그의 언약을 그들에게 보이시리로다(시 25:14).

궁극적 사명(1)

하나님의 부르심을 소명(Calling)이라고 하고, 하나님의 일을 위해 보내심을 받는 것을 사명(Mission)이라고 한다. 같은 일을 위한 부르심과 같은 일을 위해 보내심이기에 소명과 사명을 대체로 같은 의미로 사용하고 있다. 사명에는 일반적 사명과 궁극적 사명이 있다. 일반적 사명은 예를 들면, 신학교에서 공부한 후에 목회자가 될 수도 있고, 기독교 기관에서 일할 수도 있고, 선교사가 될 수도 있다. 궁극적 사명은 처음부터 오직 그 일을 위한 부르심대로 끝까지 사역하는 것이다. 궁극적 사명도 처음부터 확정된 사명이 있고, 사역하다가 단계적으로 올라가 마지막 수렴 단계에서 사명을 발견하고 그 일을 하는 경우도 있다. 첫째, 처음부터 궁극적 사명으로 확정된 예는 사무엘, 예레미야와 바울이다. 사무엘을 어릴 때부터 이스라엘의 선지자로 세우셨고, 그는 처음부터 끝까지 오직 선지자로 사역하였다.

> 사무엘이 자라매 여호와께서 그와 함께 계셔서 그의 말이 하나도 땅에 떨어지지 않게 하시니 단에서부터 브엘세바까지의 온 이스라엘이 사무엘은 여호와의 선지자로 세우심을 입은 줄을 알았더라(삼상 3:19-20).

> 바울을 부르실 때 주님께서 "이 사람은 내 이름을 이방인과 임금들과 이스라엘 자손들에게 전하기 위하여 택한 나의 그릇이라"(행 9:15)고 하심으로 그의 부르심을 확정하셨고, 이를 위해 아라비아 광야에서의 3년을 비롯해 14년간의 훈련 기간을 거쳐 순교할 때까지 사명을 감당할 수 있게 하셨다. 그리고 그의 사명은 처음부터 끝까지 이방인에게 복음을 전하는 전도의 삶이었다. 하나님의 부르심대로, 그의 고백대로 산 것이다.

> 내가 달려갈 길과 주 예수께 받은 사명 곧 하나님의 은혜의 복음을 증언하는 일을 마치려 함에는 나의 생명조차 조금도 귀한 것으로 여기지 아니하노라(행 20:24).

이는 하나님께서 사람을 처음 부르실 때부터 그 사명을 확정하신 궁극적 사명이다. 그리고 그 사람의 어릴 때나 사역 초기부터 계시되어진 사명을 말한다. 또한 하나님의 직접적인 음성이나 꿈,

그리고 비전을 통한 계시로 말미암는다. 예레미야 선지자는 나기 전부터 그 사명이 확정되었다.

여호와의 말씀이 내게 임하니라 이르시되 내가 너를 모태에 짓기 전에 너를 알았고 네가 태에서 나오기 전에 너를 성별하였고 너를 여러 나라의 선지자로 세웠노라(렘 1:4-5).

둘째, 궁극적 사명이 발견되고 확정되는 것은 일반적 사명에서 성공하고 마지막에 집중하여 맡겨지는 사역의 수렴 단계로서 요셉과 다윗의 경우가 있다. 여러 사역을 했지만, 마지막 단계에서 하는 사역이 그 사람의 궁극적 사명일 수 있다. 회사 같으면 평사원, 계장, 과장, 부장, 임원을 거쳐 사장, 회장이 되거나, 회사를 세워 최고경영자가 되는 마지막 단계에서 자기의 적성과 기량을 최대화하는 것과 같다. 그리고 그동안의 모든 경험은 최종 단계 사역을 위한 과정이 되는 것이다. 사역에서도 목회 사역을 훌륭하게 하고 성숙 단계에서 은퇴 후, 목회자 교육이나 글을 써서 많은 사람에게 영향을 끼치거나, 기독교 대학이나 신학교에서 가르친다면 수렴 단계에서의 궁극적 사명이라고 할 수 있다. 여기서 '수렴'은 '점차 한 점으로 집합되는'이라는 뜻을 가진 '집합점'을 말한다. 다른 말로 '결합, 기여'이다. 지난날의 삶과 사역의 모든 경험과 지혜가 마지막 사역에서 진가를 발휘하는 것이다. 이런 경우는 대체로 어릴 때부터 궁극적인 사명이 주어져도 그 일이 구체적으로 발견되고 드러나는 것은 오랜 시간이 걸리기도 한다.

요셉은 형들에 의해 애굽 시위대장 보디발의 집에 종으로 팔려 갔으나 인정받아 가정 총무가 되고, 모함으로 감옥에 갇혀서도 맡은 일에 충성하였다. 30세에 하나님이 어릴 때 주신 꿈대로 애굽의 총리가 되어 기근에서 많은 사람을 구하고, 유대 민족을 이루는 궁극적 사명을 감당하였다. 다윗은 어릴 때부터 하나님의 마음에 합한 사람으로 골리앗을 물리치고 많은 시련을 통해 유대 왕국의 왕이 되고, 열두 지파를 다스리는 통일 이스라엘의 왕이 되었다. 생애 말기에는 하나님의 얼굴을 구함으로 하나님을 노래하는 음악가로, 그분을 예배하는 예배자로 하나님의 뜻을 이루는 궁극적 사명의 삶을 살았다.

나의 경우는 하나님께서 한 단계에서 성공하지 못하게 해서 안주하지 못하게 했지만, 어느 분야에서는 충분히 안정될 수 있었음에도 다른 것이 있다는 마음을 주셔서 따라 오게 하셨다. 선교학 교수가 되어 선교사들을 양성하는 것이 나의 사명이라고 믿었지만, 하나님께서 그 길을 막으시고 하나님의 음성을 들려주셔서 이전에 알지 못한 내 삶의 궁극적 사명을 알게 하셨다. 불세례, 하나님의 영광, 하나님의 능력을 통해 이루어질 것이라고 하시고 먼저 경험하게 하셨으며, 2019년 마지막 주간에 "지금까지가 준비였다. 거룩이 표준이기에 그렇다. 통로가 되는 것이다"라고 하셨다. 그래서 선교사, 목사, 기도 동원가, 교수, 총장, 은사자, 부흥사가 아니라, 50년 동안 기도해 왔던 한국 교회 회복과 부흥, 그리고 주님의 재림을 앞두고 영광의 영역에서 일어날 마지막 대부흥과 열방 대추수를 위한 궁극적 사명을 주셨다. 이를 위해 "네가 믿으면 하나님의 영광을 보리라!"고 하셨다. 불세례와 영광과 능력을 통한 마지막 대부흥은 한국만 아니라, 그리스도의 몸 전체에 대한 것이라고 하셨다. 그리고 상상 이상이며 보여 주신 것 이상으로 거대한 것이며, 주님 재림 전 마지막 세계적인 '하나님의 운동'이라고 하셨다. 2020년 3월 8일에는 "전무후무한 부흥에 참여할 것이다"라고 하셨다. 목숨보다 귀한 하나님의 완전하신 뜻을 행하는 궁극적 사명을 발견하고 참여하는 자는 복되다.

궁극적 사명(2)

하나님께서 이스라엘 백성에게 짓게 하신 성막의 뜰, 성소, 지성소는 애굽(육), 광야(혼), 가나안(영) 단계의 신앙생활의 여정을 보여 준다. 하나님의 완전하신 뜻을 이루는 궁극적 사명은 영의 단계에서 계시되고 풀어진다. 그러기에 처음부터 궁극적 사명의 단계로 인도되든, 삶의 여정 가운데 인도되든, 필연적으로 하나님의 음성과 비전이 주어지므로 시작된다. 특별히 수렴 단계에서 사명이 주어질 때는 그 전까지의 사역이 아무리 성공적이어도 그것은 곧 그가 완수해야 할 궁극적 사명을 위한 과정이다. 궁극적 사명은 하나님이 특별한 일을 위해 부르신 사명을 위해 사는 것이다.

내가 달려갈 길과 주 예수께 받은 사명 곧 하나님의 은혜의 복음을 증언하는 일을 마치려 함에는 나의 생명조차 조금도 귀한 것으로 여기지 아니하노라(행 20:24).

주님의 음성과 비전이 주어진 것이 궁극적 사명이다. 앞에서 말한 바와 같이 처음부터 계시된 경우와 사역의 성숙 단계인 수렴으로 인도되거나 비전이 주어져 사역 방향이 바뀐 경우로 나누어진다. 나는 후자로 나에게 주어진 마음의 소원을 따라 사역한 일반적인 소명의 단계에서 주님의 음성이 들려와 생각지도 알지도 못한 방향으로 인도되었다. 지금 생각해 보면 그것이 본래 나를 향한 하나님의 완전하신 계획이었으며, 이전에 내 안에서 어렴풋이 알려진 것이 때가 되어 구체적으로 드러난 것이다. 고등학교 3학년 때 성령받고 방언으로 기도하면서 한 기도가 "주님, 남이 가지 않는 길을 가게 하시고, 남이 하지 않는 일을 하게 하시며"였고, 후에는 "불치병을 치유하게 하시고 희소병이 치유되게 하소서"였다. 그때부터 내 영의 기도는 착한 일을 하고 마음의 소원을 따라 행하는 일반적 사명의 사역이 아니었다. 그리고 51세 때 하나님으로부터 음성과 비전이 내려와 65세가 될 때까지 훈련하시고, 마지막 궁극적 사명의 때를 기다리게 하셨다. 지금은 확실히 안다. 주님 재림 전에 임할 정결하게 하는 불세례와 영광과 능력으로 교회를 회복하고 열방을 추수할 마지막 대부흥에 참여하며, 그 일을 위해 계시록 시대에 남은 자들을 주님의 신부(이기는 자)의 군대로 준비시키는 사역이라는 것을 말이다. 더이상 나의 소원이 아니라, 모든 것이 하나님으로부터 주어진 비전이다. "네가 믿으면 하나님의 영광을 보리라"(2005. 5. 31). "하나님의 리콜 운동을 하라"(2006. 1. 26). "지금까지가 준비였다. 거룩이 표준이기에 그렇다. 사람을 사랑해야 한다. 통로가 되는 것이다"(2020. 1. 1). "전무후무한 부흥에 참여할 것이다"(2020. 3. 8). "재정을 준비하라"(2020. 4). 나에게 주어지고 나를 위해 확정된 시대적이며 궁극적인 사명이다.

이를 위해 첫째, 개척해서 교회 짓고 안주하지 않게 하시고, 둘째, 미얀마에 100개 교회 개척, 40개 교회 건축, 신학생과 목회자 5백 명 양성 등 안정되게 선교할 수 있었음에도 이 길이 아니라는 생각을 주셨다. 셋째, 미국 정착기에 출석 교인이 500여 명인 한국 교회의 목회 제안을 받았지만, 선교사 양성 사명을 위해 사양했다. 학위 취득 후 출석 교인 1천 6백 명 교회에서 청빙이 왔으나, 하나님의 음성이 들려오고 불세례와 영광을 경험하는 중이어서 나의 길이 아님을 알고 응하지 않았다. 넷째, 교수와 신학대학교 총장 청빙을 받았지만, 주님의 마지막 때를 위한 궁극적 부르심 앞에 "내 삶 전부를 주님께, All in!"한 후였고 뒤돌아볼 필요도 후회도 없었다. 다섯째, 다민족 기도 운동 한인 코디네이터로 2011년 11월 11일 3만 5천 명을 시작으로, 만 명, 7천 명, 3천 명 대규모 스타디움, 컨벤션 센터 기도 동원 사역과 워싱턴 DC 백만 명 기도 동원 한인 코디네이터로 초청받는 등 동원 사역자의 사역도, 2016년 4월 9일 아주사 110주년 10만 명 기도회에서 가톨릭과의 배도를 보면서 관계를 단절하게 하셨다. 여섯째, 지난 15년간 킹덤 빌더즈 집회에 참석한 2천여 명의 한인 교인들과 영어권 참석자 7백여 명의 메일 주소를 갖고 있지만 교회가 크게 부흥되지 않게 하심도, 기름 부음의 무대에서 치유, 예언, 축사 등 은사 사역으로 성공해 다른 은사주의 지도자들처럼 가톨릭과의 배도에 빠지지 않게 하시고, 이제부터 주님 오시는 날까지 쇠하지 아니할 영광의 부흥에 참여하게 하실 계획임을 알게 하셨다. 마지막 시대를 위한 궁극적 사명이 확정되게 된 지금은 "하나님을 사랑하는 자 곧 그의 뜻대로 부르심을 입은 자들에게는 모든 것이 합력하여 선을 이루느니라"(롬 8:28)를 친히 고백하게 하신다. 이제 하나님께서 인도하신 17년 전 내 앞에 둔 천 개의 퍼즐(작은 그림 조각) 그림이 완성될 것이다. 마지막 하나의 퍼즐이 지난 4월에 주신 "재정을 (받을, 관리할) 준비하라!" 하신 약속된 재정의 풀어짐이다.

이 마지막 부흥에 참여할 모든 자는 더는 일반적 사명의 범주가 아닌 시대적이며 궁극적 사명을 위해 부르심을 받은 추수 사명자들이다. 이를 위해 이끌림을 받은 사람들과의 펠로우십을 하라고 하셨다. 하나님의 마음에 합한 그분의 뜻을 이루는 마지막 영광의 부흥을 위한 궁극적 사명으로 부르심을 받은 자들의 사역은 주님이 이루시며, 생명의 면류관이 약속되어 있다. 또한 영으로 인도받는 사역이기에 더는 수고와 쟁투가 아니라 생명과 평안이며(롬 8:6), 영광의 영역 사역이기에 안식이며 하나님의 아름다움이다(사 35:2).

이 때를 위함이 아닌지 누가 알겠느냐(에 4:14).

내가 이새의 아들 다윗을 만나니 내 마음에 맞는 사람이라 내 뜻을 다 이루리라 하시더니(행 13:22).

일어나라 빛을 발하라 이는 네 빛이 이르렀고 여호와의 영광이 네 위에 임하였음이니라(사 60:1).

남은 자

남은 자의 뿌리는 '신비'다. 이사야서 6장 13절에서 남은 자는 '그루터기, 거룩한 씨'라고 하였다. 엘리야 선지자 때 바알에게 무릎 꿇지 않은 7천 명을 남겨 두셨다고 하였다. 우상숭배에 굴복하지 않은 자들이다. 마지막 대환난 때에 짐승에게 절하지 않는 자는 죽임을 당한다고 하였다. 다윗 때에 칼 쓰는 인구가 80만이라고 했으니 130년 후인 이사야 때는 인구 성장률을 감안하면 약 400만 명 정도로 유추할 수 있다. 남은 자 7천은 0.2퍼센트도 안 된다. 근본주의 설교가로 알려진 폴 워셔가 신학자들과의 대담에서 미국에서 구원받은 사람들이 얼마나 될까? 하는 질문에 한 신학자는 2퍼센트 정도로 추산하였다. 이는 복음주의 신자의 비율이 총 기독교 신자의 20퍼센트 정도로 볼 때, 0.4퍼센트이다. 천 명 중 4명이 구원받은 자다. 한국은 어떠할까? 그리스도인이 천만 명이라고 하면 4만 명이며, 6백만 명이라고 추정하면 2만 4천 명으로 적은 수에 속한다. 에스겔서 7장에 보면 하나님께서 살육하는 천사들을 보내셔서 예루살렘에서 일어나는 가증한 일(수상 숭배)을 탄식하는 자의 이마에 표를 하라 하시고, 하나님의 표가 없는 자들은 다 살육하라 하셨다. 계시록 14장에는 하나님의 인을 맞은 자의 특징이 나온다.

이 사람들은 여자와 더불어 더럽히지 아니하고 순결한 자라 어린 양이 어디로 인도하든지 따라가는 자며 사람 가운데에서 속량함을 받아 처음 익은 열매로 하나님과 어린 양에게 속한 자들이니 그 입에 거짓말이 없고 흠이 없는 자들이더라(계 14:4-5).

    그들은 짐승과 우상에게 경배하고 이마에 짐승의 인을 맞는 자들과 구별된 '하나님의 계명과 예수 믿음을 지키는 자'들이다. 하나님의 계명은 십계명 중 하나님에 대한 계명으로 1, 2, 3, 4계명을 말한다. "다른 신들을 네게 두지 말며, 우상을 만들지 말며 섬기지 말고, 하나님 여호와의 이름을 망령되게 부르지 말고, 안식일을 기억하여 거룩히 지키라"이다. 종교다원주의와 종교 혼합에 대해 탄식하는 '예수 믿음을 지키는 자'들은 예수 그리스도 외에는 구원받을 이름이 없음을 고백하는 자들이요, 오직 그로 말미암지 않고는 하나님 나라에 들어갈 길이 없음을 믿고 어떤 핍박이 와도 믿음에서 떨어지지 않는 자들이다. 그들이 마지막 때의 남은 자들이요, 짐승의 표 666에 상반되는 하나님의 인, 표를 맞은 자들일 것이다. 지금은 택한 자들까지도 미혹하는 영과 불법의 비밀이 역사하는 마지막 때다. 하나님의 계명과 예수 믿음을 지키는 자가 남은 자다. 남은 자는 고린도전서 2장 10절에서 말한 하나님의 깊은 것을 아는 자다. 초대교회가 가르친 것은 남은 자에 관한 것이다.

    오늘날의 교회가 다 배도해도 남은 자들이 있다. 남은 자, 곧 주님이 세우신 교회의 뿌리, 그루터기는 죽지 않는다. 그러므로 앞으로의 사역은 싸우기를 원하는 용사들을 위한 것이다. 하나님께서 그분의 성전을 깨끗이 하기 위해 불을 보내신다. 주님 재림 직전 교회를 정결히 하기 위해 불로 세례를 주시는 것이다. 마태복음 3장 11절에 "그는 성령과 불로 너희에게 세례를 베푸실 것이요"라고 하였다. 정결히 하는 불이다. 불같은 성령세례를 받은 자들도 이 불세례를 받아야 한다. 역대하 7장 1–3절의 솔로몬 성전에 제물을 불로 사르고 난 후에 영광이 그 전에 가득한 것과 같이, 그분의 성전인 우리를 정결하게 하려고 하나님의 불이 임하는 것이다. 이에 대해 말라기 선지자는 말한다.

> 만군의 여호와가 이르노라 보라 내가 내 사자를 보내리니 그가 내 앞에서 길을 준비할 것이요 또 너희가 구하는 바 주가 갑자기 그의 성전에 임하시리니 곧 너희가 사모하는 바 언약의 사자가 임하실 것이라 그가 임하시는 날을 누가 능히 당하며 그가 나타나는 때에 누가 능히 서리요 그는 금을 연단하는 자의 불과 표백하는 자의 잿물과 같을 것이라 그가 은을 연단하여 깨끗하게 하는 자 같이 앉아서 레위 자손을 깨끗하게 하되 금, 은 같이 그들을 연단하리니 그들이 공의로운 제물을 나 여호와께 바칠 것이라(말 3:1-3).

우리의 육체에 하나님의 영이, 하나님의 불이 임할 것이다. 히브리어로 '갑자기'는 '눈 깜작할 사이에'라는 의미다. 바울 사도는 부활의 비밀에 대해 "마지막 나팔에 순식간에 홀연히 다 변화되리니"(고전 15:51)라고 하였다. 하나님의 영광이 육체에 임하는 것이다. "주가 갑자기 그의 성전에 임하시리니"라는 말라기 선지자의 말은 하나님의 영광이 갑자기 하나님의 성전에 나타날 것이라는 말씀과 같다. 우리 육체 성전에 하나님의 영광이 임하는 것이다. 이사야서 60장처럼 이제 하나님의 영광이 하나님의 교회에 임할 뿐 아니라, 떠나지 않고 머물 것이다. 하늘의 뜻이 하늘에서 이루어진 것같이 땅에서도 이루어지는 것이다. 하나님께서 그분의 영광을 이 땅에 가져오신다. 우리가 그 영광의 나라에 가는 것만이 아니라, 이제 그 영광이 우리에게 오는 것이며, 이 땅에 임하는 것이다(사 60:2). "이 성전의 나중 영광이 이전 영광보다 크리라"(학 2:9)고 하셨다. 이를 위해 추수꾼을 부르신다. 남은 자들을 불러내시는 것이다. 이를 위해 천둥소리같이 "하나님의 리콜 운동을 하라"는 들리는 음성으로 말씀하셨다.

그리고 그들을 통해 물이 바다를 덮음 같이 하나님의 영광을 인정하는 것이 세상에 가득하도록 하시는 것이다(합 2:14). 교회 회복을 이루고 열방의 영혼들을 구원하는 부흥의 영광을 이끌어 가게 하시는 것이다. 이러한 하나님의 마지막 역사를 위해 남은 자들을 불러 준비시키는 것이 '하나님의 리콜 운동'이다. 교회 회복의 3요소는 하나님의 불, 하나님의 영광, 하나님의 능력이다. 마지막 역사를 위해 남은 자들을 불러 모아 계시록에 나타난 이기는 자로 준비시켜 마지막 영광의 추수를 감당하게 하는 사명을 주셨다.

만유 회복과 남은 자

하나님이 영원 전부터 거룩한 선지자들의 입을 통하여 말씀하신 바 만물을 회복하실 때까지는 하늘이 마땅히 그를 받아 두리라(행 3:21).

지금은 마지막 때요, 만물의 회복의 때다. '만유(만물)의 회복'은 남은 자와 관련 있다. 남은 자는 아합과 이세벨 시대에 바알에게 무릎 꿇지 않은 자들에게서 출발하여 계시록의 신부로 연결된다. 이사야서 6장 13절은 남은 자를 거룩한 씨요, 그루터기라고 하였다. 시대마다 남은 자가 있는데, 계시록에는 믿음의 정절을 잃지 않은 그리스도의 신부가 남은 자다. 주님께서 그분의 참된 교회, 남은 자, 그루터기, 거룩한 씨를 교회로부터 불러내신다. 만유의 회복은 주님의 오심을 준비하는 '점 없고 흠 없는 신부의 교회' 그분이 준비하신 남은 자들을 통해 이루어질 것이다. 결국은 만유의 창조자요, 주관자인 하나님께서 만유를 회복하시지만, 그분의 남은 자, 곧 신부의 교회를 통해 그 일을 이루실 것이다. 먼저는 개인과 가정의 회복, 다음으로 교회의 회복, 마지막으로 만유의 회복이다. 그리고 개인과 교회의 회복은 회개와 관련이 되어 있다.

그러므로 너희가 회개하고 돌이켜 너희 죄 없이 함을 받으라 이같이 하면 새롭게 되는 날이 주 앞으로부터 이를 것이요(행 3:19).

개인이 의인으로 서는 것이요, 교회의 회복이 만물 회복의 기초이기 때문이다. 교회의 머리는 그리스도요, 교회는 그분의 몸으로서 만물을 충만하게 하는 자의 충만이다.

또 만물을 그의 발 아래에 복종하게 하시고 그를 만물 위에 교회의 머리로 삼으셨느니라 교회는 그의 몸이니 만물 안에서 만물을 충만하게 하시는 이의 충만함이니라(엡 1:22-23).

그리고 회복은 마지막 추수 때와 연관되어 있다.

선지자들의 말씀이 이와 일치하도다 기록된 바 이 후에 내가 돌아와서 다윗의 무너진 장막을 다시 지으며 또 그 허물어진 것을 다시 지어 일으키리니 이는 그 남은 사람들과 내 이름으로 일컬음을 받는 모든 이방인들로 주를 찾게 하려 함이라 하셨으니(행 15:15-17).

그 날에 내가 다윗의 무너진 장막을 일으키고 그것들의 틈을 막으며 그 허물어진 것을 일으켜서 옛적과 같이 세우고 그들이 에돔의 남은 자와 내 이름으로 일컫는 만국을 기업으로 얻게 하리라 이 일을 행하시는 여호와의 말씀이니라 여호와의 말씀이니라 보라 날이 이를지라 그 때에 파종하는 자가 곡식 추수하는 자의 뒤를 이으며 포도를 밟는 자가 씨 뿌리는 자의 뒤를 이으며 산들은 단 포도주를 흘리며 작은 산들은 녹으리라(암 9:11-13).

아모스 선지자를 통해 말씀하신 다윗의 천막의 회복을 통해 만국을 기업으로 얻게 하시겠다는 이 말씀이 계시록에 기록된 남은 자, 즉 신부의 교회에게 만국을 다스리는 권세를 주리라 하신 말씀과 일맥상통한다.

다만 너희에게 있는 것을 내가 올 때까지 굳게 잡으라 이기는 자와 끝까지 내 일을 지키는 그에게 만국을 다스리는 권세를 주리니(계 2:25-26).

남은 자의 의미가 '그루터기'인 것처럼, 신부의 의미는 '뿌리'이며, 남은 자의 원어의 뜻이 '신비'인 것처럼, 신부도 신비의 영역(지성소)에서 준비될 것이다. 만유의 회복은 교회의 머리이신 그리스도와 연합한 그분의 몸인 남은 자, 곧 신부를 통해 이루어진다. 감히 정복할 수 없는 신부의 군대, 남은 자 곧 이기는 자의 군대다. 그래서 우리가 남은 자다. 성경에는 '남은 자'(쉐아르, 렘넌트) 사상이 있다. 성경적이며 영적인 의미로는 '환난 가운데 살아남은 자', '회복을 위해 남겨둔 자'라는 뜻이다. 대표적인 구절은 이사야서 6장 13절에 "그 중에 십분의 일이 아직 남아 있을지라도 이것도 황폐하게 될 것이나 밤나무와 상수리나무가 베임을 당하여도 그 그루터기는 남아 있는 것 같이 거룩한 씨가 이 땅의 그루터기니라"고 하였으며, 이사야서 10장 20-21절에 "그 날에 이스라엘의 남은 자와 야곱 족속의 피난한 자들이 다시는 자기를 친 자를 의지하지 아니하고 이스라엘의 거룩하신 이 여호와를 진실하게 의지하리니 남은 자 곧 야곱의 남은 자가 능하신 하나님께로 돌아올 것이라"고 했다. 성경에는 시대마다 남은 자들이 있었음을 증언한다. 하나님의 심판으로 이스라엘이 멸망하고 바빌론 포로가 되었을 때도 남은 자가 있었다(렘 23:2, 단 1:8-19). 대표적인 예가 아합과 이세벨 시대에 모든 선지자와 제사장, 이스라엘 백성이 바알 신상에 절했을 때도 엘리야 선지자를 비롯하여 바알에게 무릎 꿇지 않은 7천 명을 남겨두셨다고 하였다.

그러나 내가 이스라엘 가운데에 칠천 명을 남기리니 다 바알에게 무릎을 꿇지 아니하고 다 바알에게 입맞추지 아니한 자니라(왕상 19:18).

요엘 선지자는 신약 시대에도 남은 자가 있을 것을 예언했고(욜 2:32), 바울 사도도 남은 자가 있다고 했다.

그런즉 이와 같이 지금도 은혜로 택하심을 따라 남은 자가 있느니라 (롬 11:5).

사도 요한은 마지막 때에도 남은 자가 있다고 했다.

용이 여자에게 분노하여 돌아가서 그 여자의 남은 자손 곧 하나님의 계명을 지키며 예수의 증거를 가진 자들과 더불어 싸우려고 바다 모래 위에 서 있더라(계 12:17).

남은 자는 소수이지만, 세속과 비진리와 타협하지 않고 진리를 사수하기 위해 희생과 고난과 죽음까지 불사하고 주님을 따르는 자들이다. 남은 자는 그 시대의 사람들과 어울리지 못해 따돌림당하는 것 같지만, 왕(만왕의 왕 주님)이 숨겨 놓은 사람들이다. 마지막 계시록 시대에 접어들면서 이미 한국 교회 안에 배도의 물결이 닥쳐왔고 다른 종교에도 구원이 있다는 주장하는 종교다원주의 WCC 가입과 가톨릭과의 일치와 연합이 구체화되고 있다. 그래도 하나님은 남은 자들을 구별하여 숨겨 놓으시고, 때가 되면 드러나게 하셔서 새로운 회복의 역사를 이루실 것이다. 이를 위해 출석하는 교회가 비진리를 좇는다면, 진리와 자신의 영혼을 위해 본토 친척 아비 집을 떠난 아브라함처럼 결단하고 선택해야 한다.

이런 결단과 선택을 하면 외로울 수 있다. 진리에 대한 핍박이라도 생긴다면, 철저히 혼자인 것을 경험해야 하기 때문이다. 그래도 이 길을 가야 한다. 진리를 위해 남은 자로 선택받았기 때문이다. 다음 세대를 위한 회복의 사명을 주셨기 때문이다.

수년 전에 아내가 꾼 꿈이다. 우리는 다른 목회자 부부들과 함께 산을 오르고 있었다. 산중턱에 이르자 같이 가던 목회자 부부들이 평평한 곳에 돗자리를 펴고 앉으며 싸 온 음식들을 펼쳐 놓기 시작하였다. 우리도 자리를 펴려고 하자, 하늘에서 주님이 내려다보시면서 아직 아니라고 하셨고 더 가야 할 곳을 보여 주셨다. 즐겁게 대화하며 산을 오르던 사람들과 떨어지는 것이 아쉬웠지만 우리 부부만 주님이 오라는 곳으로 가는 모습을 보여 주셨다.

모두가 다 같은 곳에 머무는 것이 아니다. 지금 다 같이 모여 있다고 해서 꼭 좋은 것이 아닐 수 있다. 주님이 이끄시는 곳으로 가야 한다. 타협 없는 진리의 길에 같이 갈 사람이 없으면 주님과 같이 가면 된다. 둘이서 걷다가 지나갈 수 없는 좁은 협곡에 이르면 주님과 연합하면 된다. 나의 현재 모습이 그렇다. 실제로 같은 비전, 같은 사명, 같은 교회적인 회복에 대한 관심과 다가온 하나님 나라의 영광과 마지막 열방 추수의 영적 수준에서 대화를 나누고 같이 식사할 사람이 미국에서는 일 년에 두세 번 정도다. 교단에도 속하지 않았고 만나는 사람들도 없지만, 시대적이고 영적인 일, 하나님이 지금 어떤 일을 행하시는지에 관해 관심 있는 사람을 만나지 못했다. 너무 아쉽고 안타깝다. 주님과의 친밀함이나 하나님의 영광이나 초자연적인 능력에 대해 관심을 갖거나 이해하는 목회자들이 없고, 오히려 이상한 목사로 취급받을 정도다.

교회와 목회자와 교인들은 많아도 진정 주님을 사랑하고 하늘 나라를 사모하는 자들은 다섯 손가락으로 꼽을 정도다. 이들은 목회자가 아니라 여자 집사들이다. 그래서 세속과 배도의 물결에 휩싸이지 않을 수 있었다. 그래서 주님과의 온전한 친밀함을 경험할 수 있었다. 나는 종종 샤워실에서 씻고 나올 때 성령의 내적 음성을 듣는다. 씻는 것은 깨끗함을 의미하기 때문인 것 같다. 몇 달 전에는 "우리 서로 받은 그 기쁨은 알 사람이 없도다"라는 노래가 속에서 흘러나왔다. 화장실이나 샤워실은 혼자 있는 공간이다. 혼자 있으나 혼자이지 않음을 보여 주신 것이다. 주님은 내가 혼자 있을 때, 내가 몸과 마음을 씻을 때 말씀하신다. 그 기쁨은 경험한 자만 안다. 나는 외롭다. 그러나 외롭지 않다. 주님이 나와 늘 함께하시기 때문이다. 그래서 남은 자다. 위기의 시대, 마지막 때 남은 자의 특징은 주님의 음성을 듣는다는 것이다. 마지막 때 영적 전쟁의 승리는 주님의 전략을 듣는 데 있다. 그래서 마지막 계시록 시대의 남은 자는 이기는 자다. 이것이 고립을 선택한 자에게 주는 보상이다. 이제 열방을 철장으로, 왕적 권세로 다스릴 것이다.

마지막 때 추수 운동과 남은 자

마태복음 9장 37-38절에 "추수할 것은 많되 일꾼은 적으니 그러므로 추수하는 주인에게 청하여 추수할 일군들을 보내어 주소서 하라"고 하셨다. 추수기에는 많은 일꾼 필요하다. 아르헨티나는 1987년을 기점으로 4년 동안 지난 100년보다 큰 성장이 일어났다. 마지막 때 하나님께서 열방 구원의 역사에 동참할 자를 찾고 계신다. 주님의 비유에서 1시간 전에 부름받은 자도 쓰임받았다. 마지막이 중요하다. 우리가 나라와 여러 나라에 가는 것이 아니라 주님의 재림이 임박한 마지막 때는 나라들이 달려온다. 미국 뉴욕의 세계무역센터가 무너진 9·11 테러 때 사람들이 교회로 몰려온 것과 같다. 지구 멸망의 날이 가까이 오면 열국과 백성이 주님께로 나아온다. 곡식이 익었다. 거두기만 하면 된다.

이 일 후에 내가 보니 각 나라와 족속과 백성과 방언에서 아무도 능히 셀 수 없는 큰 무리가 나와 흰옷을 입고 손에 종려 가지를 들고 보좌 앞과 어린 양 앞에 서서 큰 소리로 외쳐 이르되 구원하심이 보좌에 앉으신 우리 하나님과 어린 양에게 있도다(계 7:9-10).

네 눈을 들어 사방을 보라 그들이 다 모여 네게로 오느니라(사 49:18).

네 눈을 들어 사방을 보라 무리가 다 모여 네게로 오느니라 네 아들들은 먼 곳에서 오겠고 네 딸들은 안기어 올 것이라(사 60:4).

보라 네가 알지 못하는 나라를 네가 부를 것이며 너를 알지 못하는 나라가 네게로 달려올 것은 여호와 네 하나님 곧 이스라엘의 거룩하신 이로 말미암음이니라 이는 그가 너를 영화롭게 하였느니라(사 55:5).

2005년 4월에 한 기도원에서 아프리카 말라위에서 7년째 사역하는 선교사님을 만났다. LA에서 목회할 때는 적은 교인들을 목회했는데 아프리카 말라위에서 수천 명의 교회를 맡고 있다고 하였다. 곳곳에서 2천, 3천 명의 교인이 몰려드는데 목회자가 없다고 했다. 이제 사도적 리더십이 일어날 것이다. 도시, 지방, 나라들에 영향 미칠 거대한 영적 사역이 영적 전쟁을 통해 성취될 것이다. 마귀와의 전쟁을 선포하여 견고한 진을 파괴해야 한다. 도시 변혁이 일어난다. 영혼 추수를 위한 전도 사역이다.

이 천국 복음이 모든 민족에게 증언되기 위하여 온 세상에 전파되리니 그제야 끝이 오리라(마 24:14).

도시와 나라들의 영혼 추수를 위해 성령의 능력이 크게 나타나고 있다. 신사도행전의 역사가 세계 곳곳에서 일어나고 있다. 《거대한 변화Megashift》라는 책에 보면 근세기 들어 전 세계에서 매 25분마다 3천여 명이, 하루에 17만 5천여 명이 주께로 돌아온다고 한다. 이는 사도행전 2장 41절에 기록된 베드로의 설교 후에 하루에 3천 명이 세례받은 역사가 25분마다 일어나고 있다는 것이다. 얼마 전까지 이슬람이 세계에서 가장 급속히 확산하는 종교였는데 이제는 바뀌었다. 그러므로 하나님이 주인공이신 마지막 거대한 추수 운동에 동참하기 위해 하나님의 계획에 민감해야 하고 성령이 교회들에 하시는 말씀을 들어야 한다.

구약의 예언서를 통해 나타난 두 가지 뚜렷한 주제는 선택과 남은 자 사상이다. 이스라엘 백성이 하나님께 범죄하여 징계받아 바빌론의 포로가 되었지만, 하나님께서 환난 가운데서 끝까지 예루살렘 회복의 소망을 가진 남은 자들을 통해 이스라엘을 회복하시고 온 세상에 하나님의 구원을 알리는 축복을 소유하게 하셨다. 남은 자는 한 민족의 그루터기요, 민족과 세계의 소망이다. 겉보기에는 줄기도 가지도 없는 나무이지만, 남아 있는 그루터기에서 줄기가 자라고 가지가 생기고 열매를 맺게 된다. 그루터기는 생명의 원천이요 미래의 소망이다. 아합과 이세벨의 박해 때도 하나님께서 엘리야 외에 바알에게 제사하지 않은 7천 명을 남겨 두셨다. 로마서 9장 27절에 "이스라엘 자손들의 수가 비록 바다의 모래 같을지라도 남은 자만 구원을 받으리니"라고 하였다. 마지막 환난의 때에 시험을 면할 자들도 있고(계 3:10), 환난을 통과해 나와 "남은 자손 곧 하나님의 계명을 지키며 예수의 증거를 가진 자들과"(계 12:17) 마귀와의 최후의 전쟁에서 승리할 자들도 있다.

세속화의 물결 속에서 끝까지 계명을 지키고 시험과 박해 중에서 남은 자들에게 주시는 예비하신 축복이 있다. 아모스서 9장 11-15절은 남은 자에게 주어질 축복에 대해 말한다. 다윗의 무너진 천막을 일으켜 만국을 기업으로 얻게 하리라고 하였다. 다윗 왕국은 무너졌지만 다윗의 후손으로 나신 만왕의 왕이신 예수 그리스도의 교회를 통해 만국을 구원하실 것이라는 약속이다. 엘리야 때처럼 마지막 때도 남은 자를 통해 이루실 하나님의 역사가 예비되어 있다.

그런즉 이와 같이 지금도 은혜로 택하심을 따라 남은 자가 있느니라 (롬 11:5).

남은 자는 하나님 나라가 이 땅에 실현될 소망을 가지고 기도하며 마지막 추수 사역에 쓰임받기 위해 준비하는 자다. 하나님 약속의 완전한 성취는 남은 자를 통해 하나님께서 창세 전부터 구원하고자 택하신 자들이 하나님께 나아와 이 땅에 이루어질 천년왕국에 참여하는 날인 예수 그리스도의 재림 때 실현될 것이다.

지금은 거룩할 때

요한 사도는 계시록 14장 1절에서 어린양이 시온산에 섰고 그와 함께 14만 4천이 서 있는 광경을 보았는데, 그들의 이마에는 어린양의 이름과 아버지의 이름이 쓰여 있는 것을 보았다고 하였다. 시온산은 주님과 하나님이 계신 곳, 영광의 처소, 천국을 가리킨다. 7장에는 이스라엘 열두 지파 가운데 인 맞은 14만 4천이 나오는데, 14장의 14만 4천은 3절에서 땅에서 구속함을 얻은 14만 4천이라고 말한다. 이는 상징적인 숫자로 모든 구속받은 자들을 말한다. 7장 9-10절에 보면 이스라엘 지파 중 인 맞은 자 14만 4천 이외에도 각 나라와 족속과 백성과 방언에서 큰 무리가 구원을 받아 하나님의 보좌 앞에서 노래 부르고 있는 장면이 14장의 모습과 같음을 볼 수 있다. 그들은 이 땅에서 구속받은 유대인과 이방인들을 포함한 모든 성도를 말한다. 그러면 구속받은 14만

4천의 특징은 무엇인가?

첫째, 그들은 새 노래를 부른다. 14장 3절에 "그들이 보좌 앞과 네 생물과 장로들 앞에 새 노래를 부르니 땅에서 속량함을 받은 십사만 사천 밖에는 능히 이 노래를 배울 자가 없더라"고 하였다. 새 노래는 새로운 피조물이 된 하나님의 백성이 부르는 구원의 노래다. 다시 계시록 7장 9-10절을 보면 "이 일 후에 내가 보니 각 나라와 족속과 백성과 방언에서 아무라도 능히 셀 수 없는 큰 무리가 흰옷을 입고 손에 종려 가지를 들고 보좌 앞과 어린양 앞에 서서 큰 소리로 외쳐 이르되 구원하심이 보좌에 앉으신 우리 하나님과 어린양에게 있도다"라고 노래 불렀다. 고린도후서 5장 17절은 "그런즉 누구든지 그리스도 안에 있으면 새로운 피조물이라"고 하였다. 그리스도로 인하여 죄 사함을 받고 그분을 믿음으로 새롭게 창조된 새사람이 된 백성이 부르는 구원의 노래가 새 노래다.

둘째, 그들은 믿음의 정절을 지킨다. 4절은 "이 사람들은 여자와 더불어 더럽히지 아니하고 순결한 자라"고 하였다. 첫째로 여자는 세상을 말한다. 구원받은 백성은 죄악의 세상에서 불러내심을 받은 선택되고 구별된 자들이다. 하나님과 세상을 동시에 사랑할 수 없고, 섬길 수가 없다. 요한일서 2장 15절에 "이 세상이나 세상에 있는 것들을 사랑하지 말라 누구든지 세상을 사랑하면 아버지의 사랑이 그 안에 있지 아니하니라"고 하였다. 또한 이 여자는 특별히 계시록에 나타나는 큰 창녀 곧 바빌론의 타락한 종교인 음녀를 말한다. 구속받은 진실한 성도들은 어린양이신 주님의 신부다. 그런데 마지막 때에는 불법의 비밀과 미혹의 영이 역사하여 하나님의 백성조차도 그들과 음행하도록 유혹할 것이다. 17장 2절은 "땅의 임금들도 그와 더불어 음행하였고 땅에 사는 자들도 그 음행의 포도주에 취하였다"고 하였으며, 18장 3절은 "그 음행의 진노의 포도주로 말미암아 만국이 무너졌으며 또 땅의 왕들이 그와 더불어 음행하였으며 땅의 상인들도 그 사치의 세력으로 치부하였도다"고 하였다. 결국 그들은 계시록 14장 9절에 나오는 것처럼 짐승과 우상에게 경배하고 이마나 손에 표를 받으며, 10절에 기록된 것 같이 하나님 진노의 포도주를 마시게 하고 불과 유황으로 고난을 받게 된다. 주 예수 그리스도만이 구원의 길이요 진리요 생명 되신 믿음과 진리의 길에서 음녀와 행음하면, 종교 통합에 가입하거나 가톨릭과 연합하면, 짐승과 음녀가 멸망에 떨어질 때 함께 불못에 들어가게 될 것이다.

큰 음녀 바빌론은 계시록에 나타나는 큰 두 도시 중 하나다. 다른 하나는 새 예루살렘이다. 바빌론은 타락한 교회, 음녀의 교회를, 새 예루살렘은 신부의 교회를 말한다. '예루'는 '하나님의 율법을 던진다, 가르친다, 안다'는 뜻이며, '살렘'은 샬롬, 곧 평화다. 바빌론의 히브리어는 '혼잡, 혼돈'의 뜻이며, '섞인 기름 부으심'으로 정치와 종교와 권력과 물질과 타협한 변질되고 배도한 교회를 말한다. 하나는 바빌론, 세상에 속한 교회요, 다른 하나는 하늘에 속한 신령한 교회다. 세상은 본래 악하다. 세상이 배도한 것이 아니다. 결국 교회가 배도한 것이다. 그것이 오늘날의 가톨릭이요, 종교다원주의와 단일 종교를 위한 종교 통합이다. 그래서 18장 4절은 "내 백성아, 거기서 나와 그의 죄에 참여하지 말고 그가 받을 재앙들을 받지 말라"고 하였다.

우리는 세상과 결별하고 주님과 정혼한 신부다. 하늘의 14만 4천, 땅에서 구속받은 자들은 여자로 더불어 구속을 받아 처음 익은 열매로 하나님과 어린양에게 속한 자라고 하였다(4절). 그들은 믿음의 정절을 지키다가 첫째 부활에 참여한 하늘의 성도들이다.

셋째, 그들은 거짓과 흠이 없다. 그들은 어떻게 흠이 없을까? 계시록 7장에 하늘의 흰옷을 입은 큰 무리를 향해 주님이 "이는 큰 환난에서 나오는 자들인데 어린양의 피에 그 옷을 씻어 희게 하였느니라"(7:4)고 하였다. 구속받은 성도들은 심판받고 멸망받을 수밖에 없는 죄를 씻음 받은 자들이다. 그리고 성령으로 거듭나 새사람이 되고 주님을 따르면서 그분의 계명에 순종하고 그분의 성품을 본받음으로 구별된 백성이 되는 것이다. 그 열매는 거룩한 행실이며 점도 없고 흠도 없이 주님의 신부로 서게 되는 것이다. 계시록 19장 7-8절에 "우리가 즐거워하고 크게 기뻐하여 그에게 영광을 돌리세 어린양의 혼인 기약이 이르렀고 그의 아내가 자신을 준비하였으므로 그에게 빛나고 깨끗한 세마포 옷을 입도록 허락하셨으니 이 세마포 옷은 성도들의 옳은 행실이로다"고 하였다. 계시록 14장 6-20절에 세 천사의 심판에 대한 경고와 마지막 추수의 심판이 나온다. 14~16장에는 구원받은 자들과 땅에 익은 곡식의 추수가 나타나고, 17~20장에는 하나님의 큰 포도주 틀에 던지는 진노의 심판이 불신자들에 임하는 것이 나온다. 8~10장에는 다시 한번 바빌론과 음행하고 짐승과 우상에게 경배하고 이마나 손에 표를 받으면 하나님 진노의 포도주를 마시게 되고 불과 유황으로 고난을 받는 지옥 심판의 위중함을 말하고 있다.

지금 우리 영혼이 구속받은 자리에 있는지 점검해 보아야 한다. 구원의 새 노래를 부르고 있는지, 믿음의 정절을 지키고 주님을 사랑하고 어린양이 인도하는 데로 따라가 거짓이 없고 흠이 없는 흰 세마포 옷을 입은 주님의 신부로 준비되고 있는지를 점검해야 한다. 참된 믿음은 하나님 말씀에 순종하고 거룩한 삶의 열매가 있는 삶이다. 참 구원받은 자는 믿음의 행함의 열매를 가진 자다. 그러므로 의롭고 흠이 없어야 주님 앞에 설 수 있다. 요한 사도가 본 땅에서 구속받은 자들의 모습은 입에 거짓이 없고 흠이 없는 자들이라고 하였다. 바울 사도는 빌립보서 2장 12절에서 "항상 복종하여 두렵고 떨림으로 너희 구원을 이루라"고 하였다. 유다서 20-21절에 "사랑하는 자들아 너희는 너희의 지극히 거룩한 믿음 위에 자신을 세우며 성령으로 기도하며 하나님의 사랑 안에서 자신을 지키며 영생에 이르도록 우리 주 예수 그리스도의 긍휼을 기다리라"고 하였으며, 24절에 "능히 너희를 보호하사 거침이 없게 하시고 너희로 그 영광 앞에 흠이 없이 기쁨으로 서게 하실'이라고 하였다. 이를 위해 교회를 거룩함으로 초청하고 있으며 지금은 거룩할 때다.

거룩함으로의 초청

나는 너희의 하나님이 되려고 너희를 애굽 땅에서 인도하여 낸 여호와라 내가 거룩하니 너희도 거룩할지어다(레 11:45).

오직 너희를 부르신 거룩한 이처럼 너희도 모든 행실에 거룩한 자가 되라(벧전 1:15).

오늘 이 세대에 주님께서 교회를 정결하게 하고, 교회를 통해 세상을 정결히 하기 위해 하나님의 백성을 깨끗함과 거룩함으로 초청하신다.

1. 거룩함의 정의

구별하거나 분리하는 것이다. 'Set apart' 세상으로부터(from) 구별되어 하나님께로(to) 구별되었다. 우리의 죄가 십자가의 보혈로 깨끗함을 받은 후에 지속적인 변화와 성결을 통해 주님의 성품을 본받는 것을 의미한다.

2. 거룩함의 표준

(1) 성경적 표준으로서의 거룩함

하나님의 말씀이, 하나님과의 관계성이 표준이다. 성경에 나타난 표준은 아주 급진적인 거룩함으로 거룩의 표준이 하나님의 성품인 거룩성이다.

거룩하신 하나님은 의로우시므로 거룩하다 구별함을 받으시리니(사 5:16).

(2) 제사장에게 요구되는 거룩함

구약에서 제사장들은 백성보다 더욱 엄격한 의식을 통해 기름 부음을 받았다. 성경은 거룩한 교회로의 회복과 진정한 영적 부흥은 제사장에서부터 시작됨을 보여 준다.

제사장들과 레위 사람들이 일제히 몸을 정결하게 하여 다 정결하매
(스 6:20).

(3) 성도에게 요구되는 거룩함
성도는 하나님의 거룩한 성품으로 부름 받은 자들이다.

그러므로 형제들아 내가 하나님의 모든 자비하심으로 너희를 권하노니 너희 몸을 하나님이 기뻐하시는 거룩한 산 제물로 드리라 이는 너희가 드릴 영적 예배니라(롬 12:1).

3. 신분의 거룩함과 행위의 순결함
(1) 신분의 거룩함
거룩하신 하나님을 위해 구별된 성도는 거룩한 백성이다.

너희는 택하신 족속이요 왕 같은 제사장들이요 거룩한 나라요 그의 소유가 된 백성이니 이는 너희를 어두운 데서 불러 내어 그의 기이한 빛에 들어가게 하신 이의 아름다운 덕을 선포하게 하려 하심이라(벧전 2:9).

(2) 거룩함으로 부름받았다

하나님이 우리를 구원하사 거룩하신 소명으로 부르심은 우리의 행위대로 하심이 아니요 오직 자기의 뜻과 영원 전부터 그리스도 예수 안에서 우리에게 주신 은혜대로 하심이라(딤후 1:9).

그리스도 예수의 피의 대속으로 거룩함을 받았다.

이 뜻을 따라 예수 그리스도의 몸을 단번에 드리심으로 말미암아 우리가 거룩함을 얻었노라(히 10:10).

그러므로 예수도 자기 피로써 백성을 거룩하게 하려고 성문 밖에서 고난을 받으셨느니라(히 13:12).

(3) 행위의 순결함

성경에서 성도에게 요구되는 거룩함은 순결함과 의로움이다. 성도의 신분의 거룩함이 믿음의 순종으로 표현될 때, 깨끗함과 정결함과 의로움으로 나타나는 것이다

그가 빛 가운데 계신 것 같이 우리도 빛 가운데 행하면 우리가 서로 사귐이 있고 그 아들 예수의 피가 우리를 모든 죄에서 깨끗하게 하실 것이요(요일 1:7).

빛의 열매는 모든 착함과 의로움과 진실함에 있느니라(엡 5:9).

그런즉 사랑하는 자들아 이 약속을 가진 우리는 하나님을 두려워하는 가운데서 거룩함을 온전히 이루어 육과 영의 온갖 더러운 것에서 자신을 깨끗하게 하자(고후 7:1).

오직 너희를 부르신 거룩한 이처럼 너희도 모든 행실에 거룩한 자가 되라 기록되었으되 내가 거룩하니 너희도 거룩할지어다 하셨느니라 (벧전 1:15-16).

4. 거룩함과 복종

어떻게 거룩한 것을 알 수 있을까? 이는 성경과 예수 그리스도의 표준에 순종하느냐에 달려 있다.

우리가 그의 계명을 지키면 이로써 우리가 그를 아는 줄로 알 것이요 (요일 2:3).

이와 같이 행함이 없는 믿음은 그 자체가 죽은 것이라 어떤 사람은 말하기를 너는 믿음이 있고 나는 행함이 있으니 행함이 없는 네 믿음을 내게 보이라 나는 행함으로 내 믿음을 네게 보이리라 하리라(약 2:17-18).

골로새서 3장은 '거룩함의 장'이라 불린다.

거룩한 백성이 하지 말아야 할 것 열두 가지(5-9절)는 음란, 부정, 사욕, 악한 정욕, 탐심, 우상숭배, 분, 악의, 훼방, 부끄러운 말, 거짓말, 옛 사람과 그 행위다.

거룩한 백성이 해야 할 것 열두 가지(12-25절)는 긍휼, 자비, 겸손, 온유, 오래 참음, 용서, 사랑, 감사, 가르침과 권면, 시와 찬미와 신령한 노래를 부름, 하나님을 찬양함, 무엇을 하든 예수의 이름으로 하는 것이다.

시편 24편 3-4절은 여호와의 산에 오를 자, 거룩한 곳에 설 자가 누구인가? 하면서 네 가지 조건을 말한다.

첫째, "손이 깨끗하며" 이는 잘못되고 더러운 행위를 회개하는 것이다. 우리의 죄를 고백하고 죄 된 행위를 상징하는 손을 씻는 것이 하나님을 만나는 선결 조건이다.

둘째, "마음이 청결하며" 언약의 율법에 맞추어 하나님 앞에 나오기 전에 마음의 옷을 빠는 행위가 있어야 한다. "죄가 너를 원하나 너는 죄를 다스릴지니라"(창 4:7)고 경고하셨다. 타락한 인간의 마음에는 온갖 죄의 소원들이 있다. 그러나 하나님을 만나기 위해서는 먼저 마음을 깨끗이 해야 한다.

셋째, "뜻을 허탄한 데에 두지 아니하며" 이 구절은 3계명과 관련 있는 말씀이다. 3계명은 "너는 네 하나님 여호와의 이름을 망령되게 부르지 말라"(출 20:7)이다. 이는 1, 2계명과 관계된다. 하나님 외에는 다른 신을 두지 말고, 섬기지 말라는 말과 하나님의 이름을 함부로 사용하지 말라는 말은 거룩하신 하나님만을 섬기라는 것이다.

넷째, "거짓 맹세하지 아니하는 자" 거짓 맹세하는 것은 성경에 성령이 떠난 옛 기름 부으심의 상징이요, 악신이 접한 예로 나타나고 있다. 대표적인 사람이 사울왕이다. 그러나 요나단은 맹세를 지켰다.

5. 거룩한 곳에 설 자

거룩함은 죄 사함을 받은 후, 날마다 성결과 지속적인 변화를 통해 주님의 성품을 본받는 것이요, 하나님과 동행하는 것이 거룩함을 좇는 방법이다

너희가 죄와 싸우되 아직 피흘리기까지는 대항하지 아니하고(히 12:4).

첫째, 하나님과의 관계성이 거룩함의 출발이다. 둘째, 믿음의 행위가 거룩함의 목적지로 우리를 운반한다.

그러므로 사람이 선을 행할 줄 알고도 행하지 아니하면 죄니라(약 4:17).

6. 거룩한 교회(영광과 능력)

지금 하나님께서 그분의 거룩한 교회를 부르신다. 거룩하고 옳은 행실로 빛나고 깨끗한 세마포 옷을 입은 신부의 교회다.

그에게 빛나고 깨끗한 세마포 옷을 입도록 허락하셨으니 이 세마포 옷은 성도들의 옳은 행실이로다 하더라(계 19:8).

그러므로 사랑하는 자들아 너희가 이것을 바라보나니 주 앞에서 점도 없고 흠도 없이 평강 가운데서 나타나기를 힘쓰라(벧후 3:14).

평강의 하나님이 친히 너희를 온전히 거룩하게 하시고 또 너희의 온 영

과 혼과 몸이 우리 주 예수 그리스도께서 강림하실 때에 흠 없게 보전되기를 원하노라(살전 5:23).

마지막 때에 주님께서 일으키시는 사도적 교회는 순결하고 거룩한 영광스러운 교회다.

자기 앞에 영광스러운 교회로 세우사 티나 주름 잡힌 것이나 이런 것들이 없이 거룩하고 흠이 없게 하려 하심이라(엡 5:27).

이는 너희를 부르사 자기 나라와 영광에 이르게 하시는 하나님께 합당히 행하게 하려 함이라(살전 2:12).

거룩한 교회(1)

너희도 산 돌 같이 신령한 집으로 세워지고 예수 그리스도로 말미암아 하나님이 기쁘게 받으실 신령한 제사를 드릴 거룩한 제사장이 될지니라(벧전 2:5).

그러나 너희는 택하신 족속이요 왕 같은 제사장들이요 거룩한 나라요 그의 소유가 된 백성이니 이는 너희를 어두운 데서 불러 내어 그의 기이한 빛에 들어가게 하신 이의 아름다운 덕을 선포하게 하려 하심이라(벧전 2:9).

하나님의 성품 중 대표적인 것이 그분의 거룩성이다. 이사야서 5장 16절은 "거룩하신 하나님은 공의로우시므로 거룩하다 일컬음을 받으시리니"라고 말한다. 거룩함의 원어 '카다쉬'는 구별하거나 분리하는 것이다. 인간의 죄악 된 모습과 대조되는 선의 개념으로 하나님의 속성에 국한되어 사용된다. 가장 거룩하지 못한 원어 '창기'는 '케데솨'로 거룩함의 '카다쉬'와 어원이 같다. 이는 거룩하지 못하면 가장 타락할 수 있다는 것을 보여 준다. 처음에는 하나님의 속성에만 국한되어 사용되던 이 거룩함이 하나님께서 인간과 언약을 맺고부터는 하나님과 관계되는 모든 것에 사용되었다.

하나님의 임재 장소는 거룩한 전, 성전으로 하나님의 언약 백성은 거룩한 무리, 곧 성도로 제사 의식에서 쓰이는 모든 도구도 거룩한 도구로 불렸다. 무엇보다도 성도는 하나님의 거룩함의 성품 안으로 부르심을 입은 자들이다. 베드로전서 1장 16절에 "내가 거룩하니 너희도 거룩할지어다"라고 하였다. 그래서 선택된 백성은 거룩한 백성, 즉 성민으로 불리었다(벧전 2:9). 거룩한 하나님은 거룩한 백성과 함께하신다. 마지막 때에 오직 거룩한 백성만 그분과 함께할 것이며, 하나님께서 그들을 구원하실 것이다.

스가랴서 14장 5절에 심판 날에 "나의 하나님 여호와께서 임하실 것이요 모든 거룩한 자들이 주와 함께 하리라"고 하였다. 이사야서 4장 3절에는 "예루살렘 안에 생존한 자 중 기록된 모든 사람은 거룩하다 칭함을 얻으리니"라고 하였다. 즉 거룩하지 못한 자는 심판 때에 견디지 못한다는 것이다. 하나님은 택하신 자를 구원하시기 위해 그들의 더러움을 씻고 깨끗하게 하신다. 이사야서

4장 4절은 "이는 주께서 심판하는 영과 소멸하는 영으로 시온의 딸들의 더러움을 씻기시며 예루살렘의 피를 그 중에서 청결하게 하실 때가 됨이라"고 하였다. 베드로전서 2장 5절은 "예수 그리스도로 말미암아 하나님이 기쁘게 받으실 신령한 제사를 드릴 거룩한 제사장이 될지니라"고 명령하고 있다.

지금은 거룩한 주의 백성이 되기 위해 우리 행실의 더러움을 씻으며, 마음을 청결하게 할 때다. 베드로전서 1장 15절은 "오직 너희를 부르신 거룩한 이처럼 너희도 모든 행실에 거룩한 자가 되라"고 하였고, 로마서 12장 2절은 "너희는 이 세대를 본받지 말고 오직 마음을 새롭게 함으로 변화를 받으라"고 하였다. 어두움이 짙을수록 빛이 드러날 것이다. 세상이 악해지고 죄악의 번영할수록 우리는 하나님의 거룩함으로 덧입어야 한다.

하나님 나라는 거룩한 나라다. 하나님 나라의 예배는 오직 거룩한 자들만 드릴 수 있다. 지금의 교회 모습으로는 거룩한 교회라고 할 수 없다. 거대한 회개 운동, 청결 운동이 일어나야 한다. 우리가 드리는 예배는 거룩한 예배가 되어야 한다. 거룩한 자들이 드리는 예배가 거룩한 예배다. 회개한 자가 드리는 예배가 거룩한 예배다. 용서한 자가 드리는 예배가 거룩한 예배다. 화평하게 하는 하나님의 아들이라고 일컬음을 받으리라고 하였다. 진정 하나님과 화목했는가? 하나님께 섭섭하고 원망스러운 마음이 남아 있지는 않은가? 주님은 제단에 제물을 드리러 가다가 형제와 화해하지 못한 일이 생각나거든 가서 형제와 화해하고 제물을 드리라고 말씀하셨다. 오늘날 대부분의 성도가 이러한 문제를 해결하지 않고 교회에 와서 예배드리고 그 예배를 하나님께서 받으시는 줄 착각한다. 속으로는 미워하고 심지어 교회 안에서 다투고 따로 예배드리면서 그 예배를 받으실 것으로 착각한다.

오늘날 교회에 나오는 많은 사람이 속고 있다. 자기 열심으로 예배드리고 봉사하면서 그것 때문에 시기와 질투와 싸움까지 한다. 교회 예배는 공동체적 예배다. 거룩한 한 사람 한 사람이 교회요, 홀로 드리는 예배도 하나님이 받으시지만, 교회 예배는 거룩한 백성의 공동체로서의 예배다. 세상에서 택하심을 입어 주님의 보혈로 구속된 백성이 거룩한 예배를 통해 하나님께 찬미와 예물을 올려 드리고, 하나님께서는 그분의 백성에게 제사장의 설교를 통해 말씀하신다. 거룩하신 하나님께 예배드리기 위해 성도들은 옷과 마음을 정결하게 하고 제사장들은 거룩한 옷에 정결한 관을 쓰고 하나님을 예배해야 한다. 성도들은 제물이 되어 번제단에서 태워져야 하고, 제사장들도 물두멍에 손을 씻고 관을 쓰고 하나님께 예배드리는 것이다. 예배의 회복이 거룩성의 회복으로 나타난다. 공동체적인 예배에서 분열은 있을 수 없다. 예배를 회복해야 한다. 거룩성을 회복해야 한다. 그럴 때 하나님의 음성을 들을 수 있다.

거룩한 교회(2)

성도는 하나님의 거룩함 안으로 초청받았다. 예배를 회복할 때 하나님의 음성을 들을 수 있다. 특히 제사장인 목회자들은 둠밈과 우림을 소유해야 한다. 신명기 33장 8절 모세가 레위 자손에게 한 축복 기도 중에 "주의 둠밈과 우림이 주의 경건한 자에게 있도다"라고 하였다. 둠밈과 우림은 제사장의 예복에 달려 있는 것으로 백성을 위해 하나님께 묻고 응답받는 것이다. 그것이 경건한 자에게 있다고 하였다. 경건이 곧 거룩이다. 목회자라도 경건하지 않고 거룩성이 없으면 하나님과의 통로인 둠밈과 우림이 없는 것이다. 그러나 성도들, 어린아이들이라도 정결함과 거룩함이 있으면 둠밈과 우림을 소유할 수 있다. 아브라함이 갈라놓은 제물 사이로 횃불이 지나간 것처럼 우리가 우리의 마음을 갈라놓을 때 하나님의 불이 우리를 깨끗하게 하고, 그 제사는 하나님께서 받으신다. 주님이 재림하시기 전에 교회 회복 운동이 일어날 것이다. 오직 하나님의 불로 교회를 정결하게 거룩하게 할 수 있다. 이를 위해 이제 본격적인 불세례가 임할 것이다. 이 불세례가 횃불이 되어 번질 것이다.

이 불로 정결하게 된 백성은 주님만을 사모하고 주님의 얼굴을 구하는 거룩한 신부의 군대, 주님의 군대로 일어서게 될 것이다. 주님의 군대가 찬미의 회복, 예배의 회복, 은사의 회복, 교회의 회복을 주도하고 열방을 치유하며 온 세계를 추수하게 될 것이다. 그때에는 지상에서 드리는 예배가 하늘나라의 예배와 흡사할 것이다. 그 예배의 특징은 거룩하신 하나님께 드리는 경배다. 계시록 4장 8절에 "거룩하다 거룩하다 거룩하다 주 하나님 곧 전능하신 이여 전에도 계셨고 이제도 계시고 장차 오실 이시라"고 노래하며 이십사 장로가 보좌에 앉으신 이에게 경배하고 면류관을 보좌 앞에 던지며 예배하고 있다. 하나님 앞에 우리의 전체를 굴복시키는 것만이 참된 경배다. 그분의 거룩하심과 전능하심 앞에 우리의 영과 마음과 몸을 온전히 굴복시키는 것만이 참 경배다. 거룩한 예배에는 하나님의 보좌가 임한다. 이사야 선지자는 하나님의 성전에서 기도하다가 하나님의 보좌가 내려오는 것을 보았다.

> 주께서 높이 들린 보좌에 앉으셨는데 그의 옷자락은 성전에 가득하였고 스랍들이 모시고 섰는데 각기 여섯 날개가 있어 그 둘로는 자기의 얼굴을 가리었고 그 둘로는 자기의 발을 가리었고 그 둘로는 날며 서로 불러 이르되 거룩하다 거룩하다 거룩하다 만군의 여호와여 그의 영광이 온 땅에 충만하도다 하더라(사 6:1-3).

하나님이 임하실 때 그분의 성전에 영광이 가득하다. 우리는 하나님 앞에서 하나님에 의해 무장 해제되어야 한다. 그렇지 않으면 마귀에게 무장 해제된다. 하나님의 다스림 앞에 완전히 굴복되어야 한다. 이는 제물이 완전히 태워지고 녹아내리는 것이다. 예배드리기 전에도, 예배드리는 중에도 예배드린 후에도 뻣뻣이 살아 있다면 참 예배를 드린 것이 아니다. 바울 사도는 로마서 12장 1절에서 "하나님의 모든 자비하심으로 너희를 권하노니 너희 몸을 하나님이 기뻐하시는 거룩한 산 제물로 드리라 이는 너희가 드릴 영적 예배니라"고 하였다. 죽어야만 한다. 육체의 정욕, 안목의 정욕, 이생의 자랑이 죽어야 한다. 우리의 모든 생각이 굴복되어야 한다. 내려놓는 것으로 안 된다. 더 내려놓아도 안 된다. 또 내려놓을 것이 있기 때문이다. 무너져 내리고 굴복되어야 한다.

거룩함은 굴복한 자들에게 전이되는 하나님의 성품이다. 요한

일서 1장 5절은 "하나님은 빛이시라 그에게는 어둠이 조금도 없으시다"라고 하였다. 가짜는 드러나고 정품이 아닌 것은 불살라질 것이다. 어두움은 빛이신 하나님 앞에 설 수 없다. 자신을 의지하는 자, 진실하지 못한 목자, 거짓 목자, 기회주의자들은 하나님께서 관여하지 않으실 것이다. 이제 육체와 사망의 법에서 해방되어 생명의 법 안에서 사는 법을 배워야 한다. 이것이 거룩한 삶의 방식이다. 만물 중에 부패한 것이 인간의 마음이다. 그래서 우리의 생각과 마음을 믿을 수 없다. 영과 혼과 육이 온전히 거룩해지고 생각까지도 다스리고 하나님께 굴복시켜야 한다.

이제 곧 의의 태양이신 주님이 강림하실 것이다. 그때 거룩하지 못한 것들은 모두 불살라질 것이다. 그때는 주여! 주여! 해도 거룩함으로 옷 입지 않는 자들은 주의 종들까지도 심판으로 떨어질 것이다. 그러나 마지막 환난 때 만주의 주시요 만왕의 왕이신 어린양과 함께 있는 자들, 곧 거룩함으로 부르심을 입고 빼내심을 얻고 진실한 자들은 적그리스도, 짐승의 세력을 이길 것이다(계 17:14). 그들은 빛나고 깨끗한 세마포 옷을 입은 주님의 거룩한 신부가 되어 어린양의 혼인 잔치에 참여할 것이다(계 19:8-9).

거룩함에도 수준이 있다. 대기업 임원이 되면 50~70여 가지 혜택이 있다고 한다. 입사 후 평균 22년 정도 되면 임원으로 승진한 확률은 1-2퍼센트다. 임원은 모든 면에서 보다 높은 도덕성이 요구된다. 정부의 대통령과 장관급의 인사들도 높은 도덕성이 요구된다. 하나님 나라 대사로 부름받은 우리에게 요구되는 것은 하나님의 성품인 거룩성이다. 우리는 세상에 대하여 거룩한 백성이요,

왕 같은 제사장 직분을 받았기 때문이다. 한국 교회가 세상의 지탄을 받는 이유는 도덕성을 잃었기 때문이다. 거룩성 회복을 위한 회개 운동, 교회 회복 운동이 일어나야 한다. 구약에서 제사장들은 백성보다 더 엄격한 의식을 통해 기름 부음을 받았다. 레위기 8장을 보면 하나님께서 제사장 위임식을 거행하실 때 아론과 그 아들들을 데려다가 물로 씻기고 아론에게는 속옷과 겉옷을 입히며 에봇을 덧입히고 띠를 띠우고 흉배를 붙이고 흉배에 우림과 둠밈을 넣고 그 머리에 관을 씌우고 관 전면에 금패를 붙였는데 곧 거룩한 관이었다. 그 아들들도 속옷을 입히고 띠를 띠우고 관을 씌웠다. 그리고 칠 일 밤낮으로 회막 문에 거하며 죄 씻음을 받았다. 그런 후에야 백성을 위한 제사장 직분을 수행할 수 있었다.

우리에게 먼저 거룩함의 회복이 일어나야 한다. 정결하게 하고 태우는 하나님의 불을 우리에게 보내시기를 기도하자. 불세례를 주신다고 하였다(마 3:11). 불에 완전히 태워져야 한다. "내가 거룩하니 너희도 거룩할지어다"(벧전 1:16)라고 하셨다. 거룩함은 하나님께 완전히 태워지고 새롭게 빚어지는 하나님의 성품이다. 하나님은 우리가 그분의 성품에 참여하기를 원하신다.

하나님의
리콜 운동
훈련 소개

킹덤 빌더즈 훈련 : 하나님 나라를 세우는 사람들

1. **기름 부으심**(요일 2:20)을 통해 영·혼·육의 치료와 자유함을 받고(고후 3:17), 성령의 능력을 받아 포로 된 자와 눌린 자를 자유하게 하며 주의 은혜의 복음을 전파하는(눅 4:18–19) 사역자를 준비시키고 파송한다.

2. **하나님과의 친밀한 교제**(시 25:14)를 통해 하나님의 보좌와(계 4:2) 하나님의 심장 박동 듣기를 사모하며(요 13:25), 성령의 계시와 은사로(고전 2:7, 10, 12:8–10) 사람들을 섬기도록 훈련한다.

3. **요셉 축복 – 사업의 기름 부으심**(창 41:48)이 마지막 때의 급속한 세계복음화를 위해 하나님께서 그분의 백성에게 예비하신 축복임을 믿고(사 45:3, 60:5, 11, 슥 14:14), 열방을 유업으로 받을(시 2:8) 하나님의 백성을 준비시킨다.

4. **영적 전쟁과 사도적 추수 운동**(마 9:38)을 위해 도시와 열방을 위한 중보 기도자를 훈련하며(사 62:6), 초대교회적 오중 사역을 통해(엡 4:11) 추수할 일꾼을 준비시키고 파송한다(마 28:19–20).

5. **세계 선교와 하나님 나라 부흥**(사 11:9)을 위한 기도와 선교의 연합에 힘쓸 하나님의 사람을(딤전 6:11) 준비시키고 파송한다.

하나님의 음성 듣기 훈련

"내 양은 나의 음성을 들으며 나는 저희를 알며 저희는 나를 따르느니라"
(요 10:27).

성령으로 거듭난 성도는 누구나 하나님의 음성을 들을 수 있다. 우리는 주님과 친밀한 기도 시간을 통해 그분의 음성을 듣는다. 시편 25편 14절에 "여호와의 친밀함이 경외하는 자에게 있음이여 그 언약을 저희에게 보이시리로다"라고 약속하셨다. 자신을 향한 하나님의 음성은 기도 응답과 삶의 목적과 방향에 대한 성령의 인도로 나타나며, 남을 위해 듣는 것은 "덕을 세우며 권면하며 안위하는 것"(고전 14:3)으로서 예언(격려) 사역이 된다.

이 훈련의 목적은 성령의 기름 부으심과 하나님과의 친밀한 교제를 통해 '성령의 직관과 감동, 성령의 내적 음성, 지식의 말씀, 꿈, 환상, 천사의 음성, 들리는 음성' 등으로 하나님의 음성을 듣고 분별하는 훈련과 기도 사역을 통해 각자의 은사를 활성화하고 다가오는 부흥의 시대를 위한 사역자로 준비하는 데 그 목적이 있다.

꿈과 환상의 해석

요엘 선지자가 예언한 마지막 날에 대한 징조로 전 세계적으로 신령한 꿈과 영적 환상들이 쏟아져 내려오고 있다. 성경 전체에는 하나님께서 말씀하신 계시의 한 방편인 꿈과 환상들에 대한 기록으로 가득차 있다. 이러한 꿈과 환상들은 예언적이며 그것이 이루어졌을 때, 역사가 바뀌어진 것을 볼 수 있다.

본 과정에서는 서구적 이성주의의 영향으로 나타난 꿈과 환상에 대한 부정적 선입견과 오해를 극복하고 주님과의 친밀한 교제를 추구하는 사람들에게 주님께서 그 자신을 알리시고 개인과 시대에 대한 그분의 뜻을 계시하는 방법으로서의 꿈과 환상을 이해하고 해석하는 것을 가르친다. 앞으로 한국 교회에도 본격적인 예언사역 시대가 열릴 것이다. 이런 관점에서 꿈과 환상을 성령의 도우심과 훈련을 통해 해석하면 예언사역이 된다. 이 은사를 계발하고 접목해서 개인과 교회와 열방을 섬기는 사역자로 세우는 훈련 과정이다.

1. 서론
2. 하나님의 음성을 듣는 법
3. 꿈으로 말씀하시는 하나님
4. 꿈과 환상의 차이
5. 삶의 목적의 꿈
6. 사명과 은사 부여의 꿈
7. 삶의 방향 지시의 꿈
8. 미래 약속의 꿈
9. 가르치고 진리로 인도하는 꿈
10. 깨닫게 하고 교정하는 꿈
11. 사역의 꿈
12. 치유의 꿈
13. 선포적 꿈
14. 꿈과 환상의 해석과 적용

영적 전쟁과 중보기도 훈련

오늘날 성경이 말하는 이방인의 시대(롬 11:25) 말기에 세계 각처에서 성령님이 주도하시는 폭발적인 하나님 나라 부흥이 일어나고 있다. 이와 때를 같이하여 메시아닉 유대인 부흥의 징조가 본격적으로 시작되고 있다. 최근의 〈거대한 변화 Megashift〉라는 선교 자료에 의하면 세계적으로 25분마다 3천여 명이, 하루에 17만 5천여 명이 주님께로 돌아오는 신사도행전적 역사가 일어나고 있다. 하나님의 때, 시대의 때를 분별하는 사람은 자신의 때(인간의 때)를 기다리며 항상 기도하며 깨어 있어야 한다(눅 21:36). 나아가서 "우리의 씨름은 혈과 육에 대한 것이 아니요 정사와 권세와 이 어두움의 세상 주관자들과 하늘에 있는 악의 영들에게 대함이라"(엡 6:12)고 한 것처럼 열방구원과 세계선교의 완성을 위해, 선교사역을 위해 기도하는 수준을 넘어서서 영적 전쟁을 위한 전략적 수준의 전투적 중보기도가 절실히 요구되고 있다. 구하는 자에게 열방과 열방의 재물을 약속하셨으며(시 2:8, 사 60:5), 예수 그리스도의 계시와(마 12:27, 계 1:1), 하나님을 아는 지혜와 계시의 정신(엡 1:17)을 주신다. 이 훈련의 목적은 전략적 중보기도를 통해 영적 전쟁인 선교에 직접 동참하며, 중보기도 사역자들을 양성하고, 열방구원의 마지막 추수 사역자들을 세우고 파송하는 데 있다.

하나님의 영광은 그분 존재의 일부이며, 하시는 모든 것을 의미한다. 영광은 하나님께서 인간에게 능하신 일을 보여 주어 그분의 위대하심을 알리는 속성이다. 즉 보이지 않는 하나님의 현시력이다. 이 영광은 무겁고 빛나고 풍부한 위엄의 광채이며, 하나님의 아름다움이다(사 35:2). 모세는 "원하건대 주의 영광을 내게 보이소서"(출 33:18)라고 기도했고, 베드로와 요한과 야고보는 변화산에서 주님의 얼굴에 나타난 하나님의 영광을 보았다(마 17:2).

하나님께서 기뻐하시는 자에게 그분의 영광을 나타내신다. 하나님께서는 그분의 백성이 하나님의 영광에 참여하기를 원하신다(고후 3:18, 4:6). 더욱이 마지막 때에 이 영광이 하나님의 백성에게 부어질 것이며(사 60:1-3, 학 2:9), 큰 흑암이 땅을 덮을 것이나 영광이 더욱 증가하여 결국에는 여호와의 영광이 나타나 모든 육체가 그것을 함께 보게 될 것이다(사 40:5). 이 영광을 사모하고 체험하여 다가오는 도시와 열방 대추수를 위한 부흥과 영광의 문이 되는 훈련 과정이다.

1. 서론 – 하나님의 영광
2. 하나님의 얼굴과 영광을 구함 – 다윗의 장막
3. 찬송과 영광
4. 영광의 영역 경배
5. 하나님의 불과 불세례
6. 그리스도 영광의 소망
7. 영광의 집, 영광의 문
8. 하나님 나라 부흥의 영광

하나님의 리콜(Recall) 운동(하리운 목회자 컨퍼런스 – 영적 회복과 재충전)

20세기 최대 부흥을 이룬 한국 교회는 작금의 세속화와 영적 침체의 영향으로 분열과 쇠락의 국면에 접어들고 있다고 해도 과언이 아니다. 이제 한국 교회는 부흥보다 회복의 기치를 들어야 할 때다. 그리고 교회 회복은 목회자 회복이 우선되어야 하며, 목회자 회복은 거룩함과 능력의 회복을 전제로 이루어져야 한다. 하나님의 리콜 운동은 목회자들을 재소집하여 영적으로 재충전하는데 그 취지가 있다.

한편 교회 회복을 위한 3대 요소는 하나님의 불, 하나님의 영광, 하나님의 능력이다. 이 운동의 목적은 목회자들이 이 시대에 하나님께서 쓰시기에 합당한 거룩함과 능력을 구비하도록 준비시키는 데 있다. 이를 위해 목회자들이 하나님 음성을 듣고 그분과 친교를 맺을 수 있도록 훈련하며, 하나님의 불과 영광을 체험함으로 사역현장에서 나타나는 하나님의 능력이 되도록 하는 데 그 목적이 있다.

1. 부흥을 위한 기름 부으심
   기름 부으심/하나님과의 친교/하나님의 음성 듣기/꿈과 환상/하나님의 불/하나님의 영광
2. 도시와 열방을 위한 부흥의 문
   자아의 죽음/생각의 견고한 진 격파/거룩한 산 제사/생명의 성령의 법/기다림과 안식/다스림/궁극적 사명 발견/엘리야의 영/아버지의 마음(하나님의 감동과 사랑)/영광의 문/예표의 사람
3. 부흥을 일으키는 권세와 능력
   다가온 하나님 나라/다윗의 열쇠/사도적 권세와 비전/사도적 믿음과 능력/하나님의 군대를 일으킴/좌우에 날선 검(하나님의 말씀과 성령의 능력)/치유와 예언사역/아홉 가지 은사와 열매/지혜와 계시의 영(일곱 영)

시편 68편 11절은 "주께서 말씀을 주시니 소식을 공포하는 여자들은 큰 무리라"고 하였다. 창세기 3장 15절의 사탄의 권세를 멸할 인류 구원의 최초 약속이 여자에게 주어졌다. "여자의 후손은 네 머리를 상하게 할 것이요." 이제는 목회자의 아내와 여성 사역자가 마지막 시대 하나님의 비밀병기로 사용될 자신의 정체성을 깨달아야 할 때다. 이를 위해 그들을 짓눌렀던 사탄의 거짓을 파쇄하고 하나님께서 계획하신 본연의 부르심 앞에 서기 위해 높은 곳에 다니게 하시는 은혜를 발견해야 한다.

주 여호와는 나의 힘이시라 나의 발을 사슴과 같게 하사 나를 나의 높은 곳으로 다니게 하시리로다 이 노래는 지휘하는 사람을 위하여 내 수금에 맞춘 것이니라 (합 3:19).

본 과정은 영적 정체성 발견과 회복, 궁극적 사명 발견을 돕기 위한 것이다.

여호와는 나의 힘/완전한 신뢰와 확신/생명의 길─기쁨과 즐거움/부족함이 없는 은혜/겟세마네에서 부활의 언덕으로/영의 기도, 영의 노래/여성─마지막 때를 위한 하나님의 비밀병기/하나님의 보좌

킹덤 빌더즈 훈련 및 사역

1. 킹덤 빌더즈 훈련
2. 하나님의 음성 듣기 훈련
3. 꿈과 환상의 해석 훈련
4. 중보기도와 영적 전쟁
5. 치유 및 능력 사역 훈련
6. 목회자 리콜 운동(영적 재충전) 컨퍼런스
7. 1박 2일 '오픈 헤븐' 목회자 가족 산상 수련회
8. 사모 및 여성 사역자 높다은 컨퍼런스
9. 어린이 및 주일학교 교사를 위한 은사 사역 훈련
10. 교회와 나라를 위한 지역 연합 기도
11. 민족과 열방 부흥을 위한 각 나라 스타디움 기도회

그 외 요셉 축복─사업의 기름 부으심, 세계 선교와 하나님 나라 부흥, 세미나 및 개교회 부흥과 치유사역을 위한 믿음과 영적 성장, 영적 도약과 상승 집회.

훈련 및 집회 안내

하나님의 리콜 운동

경기도 부천시 소사로 184 302호

홈페이지_ www.hariun.com
유튜브_ 하리운 TV
전자우편_ globaldm2030@yahoo.com

교회 회복을 위한 메시지
현저하게 다르게 하라

첫판 1쇄 2022년 5월 30일

지은이 전두승
발행인 전두승
펴낸곳 하리운출판사

출판등록 제386-251002019000024호.

주소 경기도 부천시 소사본동 188
홈페이지 www.hariun.com
유튜브 하리운 TV
전자우편 globaldm2030@yahoo.com

ISBN 979-11-972876-4-0 03230

Make it
markedly
different